장자
·
내편

장자

내편

장자 지음
김창환 옮김

을유문화사

옮긴이 김창환(金昌煥)

서울대학교 사범대학 불어교육과를 졸업하였다. 민족문화추진회(현 고전번역원) 국역연수원에서 유가 경전, 제자백가 등을 공부한 뒤에 서울대학교 대학원 중어중문학과에서 중국고전문학을 전공하였다.
서울대학교 사범대학 중국어교사특별양성과정에서 초빙교수와 서울대학교 인문대학 중국어문학연구소에서 책임연구원을 역임하였으며, 서울대학교 중문과에서 강의하고 있다.
주요 저서로는 『도연명의 사상과 문학』(을유문화사, 2009), 『중국의 역대 명문 24선』(한모임, 2008), 『중국어 유래어휘 사전』(제일어학, 2006) 등이 있으며, 논문으로는 「陶詩의 『莊子』 思想 受用樣相」, 「『五經算術』 初探」, 「『論語』를 통해 살핀 孔子의 敎授法」 등이 있다.

장자 내편

초판 제1쇄 발행 2012년 3월 25일
초판 제8쇄 발행 2024년 10월 15일

지은이 장자
옮긴이 김창환
펴낸이 정무영, 정상준
펴낸곳 (주)을유문화사

창립 1945년 12월 1일
주소 서울시 마포구 서교동 469-48
전화 02-733-8153
팩스 02-732-9154
홈페이지 www.eulyoo.co.kr
ISBN 978-89-324-5256-2 03150

* 옮긴이와 협의하여 인지는 붙이지 않습니다.

머리말

역사적으로 중국 사회에서 유가(儒家)는 정치제도, 사회규범 등의 외적인 틀을 규정했을 뿐만 아니라 사고방식, 가치판단 등의 내적인 마음까지 통제했다. 그 자유롭지 못한 구속을 깨 준 것이 노장 사상(老莊思想)이다. 특히 장자(莊子)는 기발한 비유와 구체적인 직설로 사람들에게 정신적 자유와 발상의 전환을 가능하게 하였다. 즉 교조적(教條的)이고 형식적(形式的)인 유가의 한계를 넘어서 현상을 새롭게 보는 눈을 뜨게 해 준 것이 장자이다.

그 효과가 후인들에게 분명하게 드러난 예가 도연명(陶淵明)이고 이태백(李太白)이고 소동파(蘇東坡)이다. 이들은 중국의 역대 문인 가운데 가장 창조적이고 자유로운 정신세계를 이룬 이들로, 누구보다도 장자의 의경(意境)과 사상을 체화(體化)한 삶을 살았고 그 삶을 글로 남긴 이들이다. 이들이 이룬 성취의 바탕에는 장자가 있다.

장자 사상의 핵심은 두 가지로 요약된다. 첫째는 자유이다. 그것은 일체의 한계를 초월하는 절대 자유(絕對自由)로, 유한(有限)한 현상계(現象界)를 넘어서는 정신적 자유이다. 이것은 장자가 제시한 순응자연(順應自然), 무위(無爲), 물아일체(物我一體) 등의 개념을 포

괄한다. 둘째는 사고의 유연성이다. 사고가 굳어 있으면 발상의 전환이 불가능하다. 우리 스스로가 자신의 고정된 사고방식의 틀을 깨는 데에는 상당한 노력과 고통이 수반된다. 장자는 그러나 쉽고도 즐겁게 이것이 가능하도록 해 준다. 장자가 강조한 자유가 곧 우리 삶에 있어서의 달관이고 행복이다. 장자는 인류에게 지금까지 자유를 통한 삶의 행복을 제공했고, 앞으로도 그럴 것이다.

역자는 1986년에 민족문화추진회(지금의 한국고전번역원) 국역연수원에 입학하면서 한문(漢文) 공부에 입문하였다. 1988년 연수부 3학년에 『장자(莊子)』 과목이 있었는데, 당시 한학계(漢學界)의 거목이셨던 우전(雨田) 신호열(辛鎬烈) 선생님께서 강의를 맡으셨다. 한 학기 동안 『장자』 「내편(內篇)」을 공부하면서 『장자』를 알기 시작하였다. 이후 쉽지 않은 내용 때문에 어려움을 느끼면서도, 무한한 매력 때문에 제대로 공부할 기회를 갖고 싶었다.

연수원을 졸업하고 몇 년 후에 도연명 문학을 박사 논문으로 준비하면서 『장자』를 정독하기 시작하였다. 『장자』를 알지 않으면 도연명

의 글을 제대로 이해할 수 없음을 절감했기 때문이다. 결국 서울대 중문학과에서 송용준 선생님의 지도로 도연명 시(詩)를 논문으로 정리하였다. 그 후로 『장자』를 쉽게 번역해 내고 싶은 마음을 가지고 있던 차에, 서울대 중문과 이영주 선생님의 주선으로 경북대 중문과 이세동 선생님이 관여하는 동양고전연구회와 인연이 닿았고, 을유문화사와 연결되면서 번역에 추진력이 생겼다. 이후 을유문화사의 권오상 편집부장님의 지속적인 독려와 배려로 책이 나오게 되었다.

 책을 내면서, 그 동안 여러 선생님들로부터 가르침과 관심을 받았던 내력과 그 감사한 마음을 밝히지 않을 수 없다.

 그 동안 『장자』를 읽으면서, 그리고 번역하면서 내내 견지했던 두 가지 마음가짐이 있었다.

 첫째, 『장자』에 수시로 등장하는 비유나 주장이 한 편 전체, 나아가 『장자』 전체와의 맥락에서 어떤 의미인가를 항상 염두에 두었다. 『장자』는 비유의 다양성과 논리의 비약 때문에, 문장 속에 파묻혀 본지를 잃고 헤매기 쉽다. 이 때문에 단락을 나누고 각 단락의 요지를 제시하여 갈림길에서의 이정표 역할을 하도록 하였다.

둘째, 수많은 주(註)에 현혹되지 말고 일관된 관점을 유지하고자 하였다. 『장자』는 곽상(郭象) 이래로 많은 사람들이 주석을 달았고, 근대 이후로는 수많은 번역서들이 나와 각자 다양한 주장을 펼쳤으며, 어떤 부분은 정반대의 견해를 보이는 곳도 많다. 따라서 비판적이면서도 객관적인 시각을 잃지 않아야 한다.

이번에 책을 내면서 독자들이 이런 맥락에서 『장자』를 접할 수 있도록 번역과 주석, 해설을 진행하였다. 그러나 역자의 한계와 텍스트의 어려움으로 인해 생긴 잘못을 피할 수 없을 것이다. 선배, 동학의 많은 가르침과 질책을 부탁드린다.

2010년 2월

김창환

차례

머리말 5
일러두기 10

장자 | 내편 |

1. 소요하며 노닐다〔소요유(逍遙遊)〕 13
2. 만물과 주장을 같게 보다〔제물론(齊物論)〕 49
3. 생명을 가꾸는 근본〔양생주(養生主)〕 125
4. 사람 사는 세상〔인간세(人間世)〕 143
5. 덕이 충만하여 드러나다〔덕충부(德充符)〕 209
6. 가장 높은 스승〔대종사(大宗師)〕 253
7. 제왕에 상응하는 도리〔응제왕(應帝王)〕 325

| 일러두기 |

1. 번역 원칙
(1) 번역은 1959년 타이베이(臺北)의 중화서국(中華書局)에서 출판한, 곽경번(郭慶藩)의 『장자집석(莊子集釋)』 교감본을 저본으로 하였다.
(2) 장자가 자신의 말을 스스로 황당하다고 평했듯이* 『장자』를 읽는 독자도 뜬구름 잡기 식으로 이해하기 쉽고 번역에서도 그런 폐단에 빠지기 쉽다. 이러한 폐단을 벗어나기 위한 시도로 본서에서는 한문의 문장 구조에 따라 축자적 직역을 원칙으로 하여, 하나의 글자도 소홀히 넘어가지 않으려고 노력하였다. 직역으로 의미 전달이 충분하지 못하여 설명이 필요한 부분은 최대한 간략하게 주를 달아 보충하였다.
(3) 어려운 내용의 『장자』를 접근하기 쉽고 이해하기 쉽게 하는 것이 이 책의 번역 목표이고, 편집 방향이다. 따라서 그 동안 논의되어 온 수많은 이설들을 나열하면서 시비와 우열을 따지기보다는 『장자』 전체를 꿰뚫는 맥락에서 가장 자연스런 풀이를 추구하였다. 이 과정에서 기존의 여러 주장 가운데 전체 맥락에 가장 어울리고 이해하기 쉬운 설을 취하기도 하였고, 미진한 부분에서는 역자의 견해를 제시한 경우도 적지 않다. 학술 번역이 아닌 일반서로서 독자들이 쉽게 읽으면서 『장자』의 맥을 잡고 장자의 지혜를 배우는 계기가 되도록 하였다.

2. 체제(體制)
(1) 문단을 단락짓는 것은 대개 『장자집석』의 예를 따랐으나, 문맥을 고려하여 너무 짧게 끊은 곳을 합하거나 길게 끊은 곳을 나눈 곳도 있다.
(2) 편명(篇名) 다음의 숫자는 한 편의 전체 문단 수와 그 순서를 가리킨다.
(3) 현토(懸吐)는 현토구해(懸吐句解)한 『남화진경(南華眞經)』과 안병주(安炳周), 전호근(全好根) 공역(共譯)의 『장자(莊子)』를 참고하였지만, 대개는 문맥의 순조로움을 우선으로 하여 역자가 붙였다.

3. 구두(句讀)
구두는 일반적인 예를 따랐으나 원문과 번역을 한 행에 병기하는 번역 체제의 독특함 때문에 일반적인 구두와 다른 몇 가지 예외를 두었다.
(1) 너무 긴 문장은 간혹 중간에서 적당히 나눈 것들이 있다.
(2) 연사(連詞) '而'로 연결된 문장은 역시 체제의 특성상 나눈 곳도 있고 나누지 않은 곳도 있다.
(3) '曰'은 문맥의 자연스러움을 위하여 한 글자를 독자적으로 한 행으로 잡아 번역하거나, 앞뒤의 문장과 함께 한 행으로 처리하기도 하여 경우와 형편에 따라 달리하였다. 나머지는 일반적인 구두원칙에 따랐다.

---

*『장자(莊子)·천하(天下)』, "잘못된 논설과 황당한 말, 경계가 없는 글로, 때때로 제멋대로였지만 치우치지는 않았다(以謬悠之說, 荒唐之言, 無端崖之辭, 時恣縱而不儻)."

장자

내편

1. 소요하며 노닐다

[소요유(逍遙遊)]

　　소요유(逍遙遊)는 일체의 속박에서 벗어난 자유자재의 상태이다. 장자는 「소요유」편에서 진정한 자유, 즉 절대 자유(絕對自由)의 경지를 제시하였다. 그 내용은 다음의 두 가지로 요약된다.
　　첫째, 한계의 초월이다. 사유의 한계, 지식의 한계, 현실의 한계 등 갖가지 한계에서 벗어나는 것이다. 그 핵심은 주관적인 자아의 경계를 초월하는 '무기(無己)'에 있다. 이를 통하여 물아일체(物我一體)의 경지에 이르게 되고 소요유할 수 있다.
　　둘째, '쓸모 있음[유용(有用)]'을 넘어선 '쓸모없음[무용(無用)]'의 가치에 대한 인식이다. '쓸모 있음'의 국한에서 벗어나야 '쓸모없음'의 '큰 쓸모[대용(大用)]'를 받아들일 수 있고, 나아가 소요유할 수 있다.

1. 소요유 10-1

北冥¹有魚하니,
북 명 유 어

북쪽 바다에 물고기가 있는데

其名爲鯤²이라.
기 명 위 곤

그 이름이 곤어(鯤魚)이다.

鯤之大는,
곤 지 대

곤어의 크기는

不知其幾千里也라.
부 지 기 기 천 리 야

그것이 몇 천 리인지 모른다.

化而爲鳥하니,
화 이 위 조

변하여 새가 되는데³

其名爲鵬⁴이라.
기 명 위 붕

그 이름이 붕새이다.

鵬之背도,
붕 지 배

붕새의 등도

不知其幾千里也라.
부 지 기 기 천 리 야

그것이 몇 천 리인지 모른다.

怒而飛하면,
노 이 비

깃을 떨치고 날게 되면

---

1 북명(北冥): 북쪽에 있는 바다라는 의미로, '북명(北溟)'으로도 쓴다. 아래 '남명(南冥)'의 경우도 마찬가지이다.
2 곤(鯤): 원래는 물고기의 알인데, 여기에서는 반대로 큰 물고기를 가리키는 말로 끌어 씀으로써 보통 사람들의 주관적 판단의 한계를 깨뜨리고자 한 것이다.
3 물고기가 새로 변하는 것[전화(轉化)], 역시 사람들이 지니고 있는 주관과 고정관념을 타파하기 위한 설정이다.
4 붕(鵬): '봉(鳳)'의 고자(古字)이다. 여기에서는 큰 새를 가리키는 말로 쓰였다.

其翼若垂天⁵之雲이라.
기 익 약 수 천 지 운

그 날개는 마치 하늘가의
구름과 같다.

是鳥也는,
시 조 야

이 새는

海運⁶則將徙於南冥하니,
해 운 즉 장 사 어 남 명

바다가 움직이면 남쪽 바다로
옮겨 가려 하는데,

南冥者는,
남 명 자

남쪽 바다라는 것은

天池⁷也라.
천 지 야

천지(天池)이다.

齊諧⁸者는,
제 해 자

제해(齊諧)라는 책은

志怪者也라.
지 괴 자 야

괴이한 것을 기록한 것이다.

---

5 수천(垂天) : '수(垂)'는 가장자리〔수(陲)〕의 의미로, '수천(垂天)'은 '하늘에 가장자리한', '하늘가의'라는 뜻이다.
6 해운(海運) : 두 가지 풀이가 있다. 하나는 "바다로 가다"로 풀어 '운(運)'의 주어를 붕새로 보는 곽상(郭象)의 설이다. 다른 하나는 "바다가 움직이다"로 풀어 '운(運)'의 주어를 바다로 보는 곽경번(郭慶藩)의 설이다. 여기서는 후자를 취하였다. 그 이유는, 바다가 움직여야 바람이 일고 그 바람을 타고 구만리(九萬里)에 오른다는 다음 단락과의 연계가 자연스럽기 때문이다. 진고응(陳鼓應)의 『장자금주금역(莊子今註今譯)』에서도, "바다가 움직여 바람이 일어난다(海運風起)"라고 하였다.
7 천지(天池) : 천연(天然)의 못이라는 뜻이다.
8 제해(齊諧) : 서명(書名)이다. 일설에는 인명(人名)이라고도 하는데, 서명으로 보는 것이 자연스럽다.

諧之言曰이라.
_{해 지 언 왈}

鵬之徙於南冥也에,
_{붕 지 사 어 남 명 야}

水擊[9]三千里하면,
_{수 격 삼 천 리}

摶扶搖[10]而上者九萬里요,
_{단 부 요 이 상 자 구 만 리}

去以六月息者也라.
_{거 이 유 월 식 자 야}

제해의 글에서 말하였다.

"붕새가 남쪽 바다로 옮겨 갈 때에는,

물이 삼천리로 솟구치면,

회오리바람을 차고 오르는 것이 구만리이고

떠나서 여섯 달 만에 휴식을 취하는 것이다."

| 단락 요지 | 장자 철학의 핵심 가운데 하나인 한계의 초월을 제시한 도입부이다. 일반적인 사유의 한계를 타파하기 위해 비유를 통하여 발상의 전환을 유도하였다. 즉 물고기 알과 큰 물고기라는 크기의 국한과 물고기와 새라는 개체의 국한을 초월하고자 하는 설정이다. 이어 '齊諧' 이하의 후반부에서 그 설정을 뒷받침하는 근거를 제시하고 있다.

| 한자 풀이 | 鯤 곤이(물고기 알) 곤·곤어(큰 물고기) 곤, 鵬 붕새 붕, 翼 날개 익·지느러미 익, 垂 늘어질 수·드리울 수·가 수·변방 수, 徙 옮길 사·넘길 사, 諧 고를 해·어울릴 해·농 해, 摶 칠 단, 扶 도울 부·붙들 부, 搖 흔들릴 요·흔들 요

---

9 격(擊) : '격(激)'과 통하여, 회오리바람으로 물이 솟구치는 것이다.
10 부요(扶搖) : 회오리바람[표풍(飆風)]이다.

1. 소요유 10-2

野馬[11]也와,　　　　　　아지랑이와
야 마　야

塵埃[12]也는,　　　　　　먼지는
진 애　야

生物之以息相吹也라.　　　생명체들이 숨기운으로 서로
생 물 지 이 식 상 취 야　　　불어 대는 것이다.

天之蒼蒼은,　　　　　　하늘이 파란 것은
천 지 창 창

其正色邪아?　　　　　　그것이 원래의 색깔인가?
기 정 색 야

其[13]遠而無所至極邪아?　아니면 멀어서 끝 간 곳이
기　원 이 무 소 지 극 야　　없어서인가?

其視下也도,　　　　　　그것〔붕새〕이 아래를 굽어보는 것도
기 시 하 야

亦若是則[14]已矣리라.　　또한 이와 같을 뿐이리라.
역 약 시 즉　이 의

---

11 야마(野馬) : 아지랑이가 피어오르는 모습이 들판을 달리는 말과 같다고 하여 붙여진 이름이다.
12 진애(塵埃) : 대기의 뿌연 상태를 가리킨다.
13 기(其) : 반어사(反語詞)로, '억(抑)'과 같다.
14 즉(則) : 연사(連詞)로, '이(而)'와 같다.

且¹⁵夫水之積也不厚면,
차 부 수 지 적 야 불 후

만약 물이 쌓인 것이 깊지 못하면

則其負大舟也無力이라.
즉 기 부 대 주 야 무 력

그것이 큰 배를 띄우는 데에
힘이 없다.

覆杯水於坳堂¹⁶之上하면,
복 배 수 어 요 당 지 상

한 잔의 물을 뜰의 팬 곳에
쏟아 놓으면

則芥爲之舟어니와,
즉 개 위 지 주

겨자씨는 배가 되겠지만,

置杯焉則膠하나니,
치 배 언 즉 교

거기에 잔을 놓으면 땅에 붙으니,

水淺而舟大也일새니라.
수 천 이 주 대 야

물은 얕은데 배가 크기 때문이다.

風之積也不厚면,
풍 지 적 야 불 후

바람이 쌓인 것도 두껍지 못하면

則其負大翼也無力하니,
즉 기 부 대 익 야 무 력

그것이 큰 날개를 실어 주는 데에
힘이 없으니,

故九萬里라야,
고 구 만 리

그래서 구만리가 되어야

則風斯在下矣니라.
즉 풍 사 재 하 의

바람이 그 밑에 있게 된다.

---

15 차(且) : 가정(假定)의 연사로, '약(若)'과 같다.
16 요당(坳堂) : 뜰 가운데 움푹 팬 곳이다.

而後乃今培風하고,
_{이 후 내 금 배 풍}

그런 뒤에야 이제 바람을 타고,

背負靑天하니,
_{배 부 청 천}

등에 푸른 하늘을 두고 나니,

而莫之夭閼者라.
_{이 막 지 요 알 자}

그것을 막을 것이 없다.

而後乃今將圖南이니라.
_{이 후 내 금 장 도 남}

그런 뒤에야 이제 남쪽으로 가려고 하는 것이다.

| 단락 요지 | 먼저 붕새가 구만리 높이에서 내려다본 모습을 서술하였고, 다음으로 붕새가 날기 위해 갖추어져야 할 조건에 대해 비유와 설명을 들고 있다.

| 한자 풀이 | 塵 티끌 진, 埃 티끌 애, 覆 엎어질 복·엎을 복·덮을 부, 坳 우묵할 요(凹와 같은 자), 芥 겨자 개, 膠 아교 교·붙을 교, 培 북돋울 배·탈 배, 夭 일찍 죽을 요·막을 요, 閼 막을 알

1. 소요유 10-3

蜩與學鳩[17]笑之曰이라.
_{조 여 학 구   소 지 왈}

쓰르라미와 작은 비둘기가 비웃으며 말하였다.

我決起而飛라도,
_{아 결 기 이 비}

"우리는 힘껏 솟아올라 날아도

---

[17] 학구(學鳩) : '학(學)'은 '학(鷽)'으로, 작은 비둘기이다.

搶楡枋이라.	느릅나무나 박달나무에 이른다.
時則不至하고,	어느 때는 그곳에 미치지도 못하고
而控於地而已矣어늘,	땅바닥에 떨어질 뿐인데,
奚以之九萬里하여,	무엇 때문에 구만리를 올라
而南爲[18]오?	남쪽으로 가는가?"
適莽蒼[19]者는,	푸른 교외(郊外)에 가는 사람은
三湌而反이라도,	세 끼만 먹고 돌아와도
腹猶果然[20]이나,	배가 아직도 부르지만,
適百里者는,	백 리를 가는 사람은
宿舂糧하고,	밤새 양식을 찧고,
適千里者는,	천 리를 가는 사람은

---

18 위(爲) : 의문의 어기조사(語氣助詞)이다.
19 망창(莽蒼) : 푸릇푸릇 풀이 난 근교(近郊)를 가리킨다.
20 과연(果然) : 배부른 모습이다.

三月聚糧하나니,
_{삼 월 취 량}

석 달 동안 양식을 모으는데,

之[21]二蟲이,
_{지 이 충}

이 두 벌레가

又何知리오.
_{우 하 지}

또 어떻게 알겠는가.

| 단락 요지 | 공간적 한계에 구속된 존재들의 국한성을 비유한 것이다.
| 한자 풀이 | 蜩 쓰르라미 조, 搶 부딪힐 창·닿을 창·이를 창, 楡 느릅나무 유, 枋 박달나무 방, 控 당길 공·던질 공, 莽 풀 망·아득할 망, 飡 저녁밥 손(飧의 속자), 果 실과 과·배부를 과, 舂 찧을 용

1. 소요유 10-4

小知不及大知하고,
_{소 지 불 급 대 지}

작은 지혜는 큰 지혜에
미치지 못하고

小年不及大年이라.
_{소 년 불 급 대 년}

짧은 수명은 긴 수명에
미치지 못한다.

奚以知其然也오.
_{해 이 지 기 연 야}

어떻게 그것이 그런지를 아는가.

---

21 지(之) : 대사(代詞)로, '시(是)'와 같다.

朝菌[22]不知晦朔하고,
조 균   부 지 회 삭

아침에 돋아나는 버섯은 그믐과 초하루를 모르고

蟪蛄不知春秋하니,
혜 고 부 지 춘 추

씽씽매미는 봄과 가을을 모르니,

此小年也라.
차 소 년 야

이는 짧은 수명이다.

楚之南有冥靈者한대,
초 지 남 유 명 령 자

초(楚)나라 남쪽에 명령(冥靈)이란 나무가 있는데,

以五百歲爲春하고,
이 오 백 세 위 춘

5백 년을 봄으로 하고

五百歲爲秋하며,
오 백 세 위 추

5백 년을 가을로 하며,

上古有大椿者한대,
상 고 유 대 춘 자

먼 옛날에 대춘(大椿)이란 나무가 있었는데,

以八千歲爲春하고,
이 팔 천 세 위 춘

8천 년을 봄으로 하고

八千歲爲秋라.
팔 천 세 위 추

8천 년을 가을로 하였다.

而彭祖乃今以久特聞하여,
이 팽 조 내 금 이 구 특 문

그런데 팽조(彭祖)[23]는 지금 오래 산 것으로 홀로 소문나

---

22 조균(朝菌) : 아침에 나서 저녁에 죽는 버섯이다.
23 팽조(彭祖) : 전설에 등장하는 인물로 이름이 전갱(籛鏗)이다. 요(堯)임금의 신하로 팽

衆人匹之니,
중 인 필 지

많은 사람들이 그에
필적하려고 하니,

不亦悲乎아.
불 역 비 호

또한 슬프지 않은가.

| 단락 요지 | 시간적 한계에 구속된 존재들의 국한성을 비유한 것이다.
| 한자 풀이 | 菌 버섯 균, 蟪 씽씽매미 혜, 蛄 씽씽매미 고, 椿 참죽나무 춘, 彭 곁 방·많을 방·띵띵할 팽·장수(長壽) 팽·땅이름 팽, 匹 필 필·짝 필·집오리 목

1. 소요유 10-5

湯之問棘也是已라.
탕 지 문 극 야 시 이

탕(湯)임금이 극(棘)[24]에게
물은 것도 이런 것일 뿐이었다.

窮髮[25]之北有冥海者하니,
궁 발 지 북 유 명 해 자

불모지의 북쪽에 명해(冥海)라는
바다가 있는데,

성(彭城)에 봉해졌고, 하대(夏代)를 지나 은대(殷代)까지 7백여 년을 살아 팽조라고 불렸다.
24 극(棘) : 탕임금 시대의 어진 대부(大夫)이다. 『열자(列子)』 「탕문(湯問)」편에 보이는, 탕임금과 대화를 나눈 하혁(夏革)이다.
25 궁발(窮髮) : 초목이 자라지 않는 불모지를 가리킨다.

| 天池也라.
_{천 지 야} | 천지이다. |

| 有魚焉하여,
_{유 어 언} | 그곳에 물고기가 있어 |

| 其廣數千里오,
_{기 광 수 천 리} | 그 폭이 수천 리이고 |

| 未有知其修者한대,
_{미 유 지 기 수 자} | 아직 그 길이를 아는 이가 없는데 |

| 其名爲鯤이라.
_{기 명 위 곤} | 그 이름이 곤어이다. |

| 有鳥焉한대,
_{유 조 언} | 그곳에 새가 있는데 |

| 其名爲鵬이라.
_{기 명 위 붕} | 그 이름이 붕새이다. |

| 背若太山하고,
_{배 약 태 산} | 등은 태산과 같고 |

| 翼若垂天之雲이라.
_{익 약 수 천 지 운} | 날개는 마치 하늘가의 구름과 같다. |

| 搏扶搖羊角[26]하여,
_{단 부 요 양 각} | 회오리바람을 차고서 |

| 而上者九萬里라.
_{이 상 자 구 만 리} | 날아오르는 것이 구만리이다. |

| 絶雲氣하고,
_{절 운 기} | 구름을 가르고 |

---

26 양각(羊角) : 회오리바람이다. 선회하는 모양이 양의 뿔과 같아서 붙여진 이름이다.

負靑天하여,
부 청 천

푸른 하늘을 등에 두고 날아올라

然後圖南하니,
연 후 도 남

그런 뒤에 남쪽으로 가려 하니,

且適南冥也라.
차 적 남 명 야

장차 남명(南冥)으로 가려는 것이다.

斥鴳[27]笑之曰이라.
척 안   소 지 왈

작은 메추라기가 그것을
비웃으며 말하였다.

彼且奚適也오.
피 차 해 적 야

"저것은 장차 어디를 가려는 것인가.

我騰躍而上이라도,
아 등 약 이 상

난 솟구쳐 날아올라도

不過數仞[28]而下하여,
불 과 수 인   이 하

몇 길에 지나지 못하고 내려와

翶翔蓬蒿之間이나,
고 상 봉 호 지 간

쑥대 사이를 날지만

此亦飛之至也어늘,
차 역 비 지 지 야

이 또한 비상(飛翔)의
지극한 경지인데

而彼且奚適也오.
이 피 차 해 적 야

저것은 장차 어디를 가려는 것인가."

---

27 척안(斥鴳) : 척(斥)은 '척(尺)'과 통하여 '작다'는 뜻이니, '척안(斥鴳)'은 '작은 메추라기'이다.
28 인(仞) : 길이의 단위로 주(周)나라에서는 8척(尺)을, 한(漢)나라에서는 7척을 가리켰다.

此小大之辯也니라.
차 소 대 지 변 야

이것은 작은 것과 큰 것의 차이이다.

| 단락 요지 | 탕임금과 극(棘)의 대화를 인용하여 위 단락의 주장〔한계의 국한성〕을 뒷받침하고 있다.

| 한자 풀이 | 棘 가시나무 극, 修 닦을 수ㆍ길 수ㆍ길이 수, 鷃 세가락메추라기 안, 騰 오를 등ㆍ날 등ㆍ뛸 등, 躍 뛸 약ㆍ나아갈 약, 翶 날 고, 翔 날 상ㆍ돌 상, 蓬 쑥 봉ㆍ흐트러질 봉, 蒿 쑥 호ㆍ고달플 호

1. 소요유 10-6

故夫知效一官하고,
고 부 지 효 일 관

그러므로 지혜가 한 직책에서
효과를 내고,

行比一鄕하며,
행 비 일 향

행실이 한 고을에 알맞으며,

德合一君하고,
덕 합 일 군

덕이 한 임금에게 부합하고

而[29]徵一國者는,
이 징 일 국 자

능력이 한 나라에 쓰이는 자들은

其自視也亦若此矣라.
기 자 시 야 역 약 차 의

그들이 자신을 보는 것도
이 메추라기와 같다.

---

29 이(而) : '능(能)'의 뜻으로, 능력(能力)을 가리킨다.

而宋榮子[30]猶然笑之 하니,
이 송 영 자 유 연 소 지

그러나 송영자(宋榮子)는 느긋하게 이들을 비웃었으니,

且[31]擧世而譽之而不加勸 하고,
차 거 세 이 예 지 이 불 가 권

비록 온 세상 사람들이 그를 칭찬하더라도 더 힘쓰지 않았고,

擧世而非之而不加沮 라.
거 세 이 비 지 이 불 가 저

온 세상 사람들이 그를 비난하더라도 더 기죽지 않았다.

定乎內外之分 하고,
정 호 내 외 지 분

안팎의 구분을 정하고

辯乎榮辱之境 하니,
변 호 영 욕 지 경

영욕의 경계를 구별하였으니

斯已矣 라.
사 이 의

이뿐이었다.

彼其於世未數數然[32]也 나,
피 기 어 세 미 삭 삭 연 야

그가 세상사에 대해 급급했던 적은 없었지만,

雖然猶有未樹也 라.
수 연 유 유 미 수 야

그러나 아직 확립하지 못한 것이 있었다.

夫列子御風而行 하여,
부 열 자 어 풍 이 행

열자(列子)[33]는 바람을 부리면서 타고 다녀

---

30 송영자(宋榮子) : 전국시대(戰國時代) 송(宋)나라의 사상가인 송견(宋鈃)을 가리킨다.
31 차(且) : '종(縱)'과 마찬가지로, 양보(讓步)의 연사이다.
32 삭삭연(數數然) : 분주한 모습이다.

泠然[34]善也오, _{영 연 선 야}	상쾌하게 기분이 좋았고,
旬有五日而後反이나 _{순 유 오 일 이 후 반}	보름이 지난 뒤에 돌아왔으나,
彼於致福者에, _{피 어 치 복 자}	그는 (바람을 타는) 복을 얻는 것에
未數數然也라. _{미 삭 삭 연 야}	급급했던 적은 없었다.
此雖免乎行이나, _{차 수 면 호 행}	이것은 비록 걷는 것에서는 벗어났다 할지라도
猶有所待者也라. _{유 유 소 대 자 야}	아직도 의지하는 것[35]이 있다.
若夫乘天地之正[36]하고, _{약 부 승 천 지 지 정}	만약 천지의 바른 기운을 타고
而御六氣[37]之辯[38]하며, _{이 어 육 기 지 변}	여섯 가지 기운의 변화를 다스리면서,
以遊無窮者면, _{이 유 무 궁 자}	무궁함에 노니는 자라면[39]

---

33 열자(列子) : 전국시대 정(鄭)나라의 사상가인 열어구(列御寇)를 가리킨다.
34 영연(泠然) : 시원한 모습이다.
35 바람을 가리킨다.
36 천지지정(天地之正) : 자연의 도(道)를 가리킨다.
37 육기(六氣) : 음(陰), 양(陽), 풍(風), 우(雨), 회(晦), 명(明)의 여섯 가지 기운이다.
38 변(辯) : '변(變)'의 뜻으로, 변화(變化)를 가리킨다.
39 도(道)의 경지에서 노니는 것을 가리킨다.

| 彼且惡乎待哉리오.
피 차 오 호 대 재 | 그는 또 어디에 의지하겠는가. |

| 故曰하노니,
고 왈 | 그래서 말하노니, |

| 至人無己⁴⁰하고,
지 인 무 기 | "지인(至人)⁴¹은 자기를 의식함이 없고 |

| 神人無功⁴²하며,
신 인 무 공 | 신인(神人)⁴³은 공로를 의식함이 없으며 |

| 聖人無名⁴⁴이니라.
성 인 무 명 | 성인(聖人)⁴⁵은 이름을 의식함이 없다." |

| 단락 요지 | 의지하는 바가 있는 세 부류의 사람들과, 의지함이 없는 절대 자유의 경지에 이른 지인(至人), 신인(神人), 성인(聖人)을 대조시켜 드러내었다.

| 한자 풀이 | 徵 부를 징·구할 징 沮 그칠 저·막을 저·꺾일 저, 辱 욕보일 욕·욕볼 욕, 數 수 수·자주 삭, 御 어거할(다스릴) 어·부릴 어·모실 어·시비(侍婢: 천자의 첩, 후궁) 어, 泠 맑을 령·온화할 령

---

40 무기(無己): 자아의 경계를 초월한 물아일체의 경지이다.
41 지인(至人): 도덕(道德)이 지극한 경지에 이른 사람이다.
42 무공(無功): 공을 이루었다는 마음을 비운 경지이다.
43 신인(神人): 정신(精神)이 초탈의 경지에 이른 사람이다.
44 무명(無名): 명성에 대한 집착을 비운 경지이다.
45 성인(聖人): 수양(修養)이 완성된 경지에 이른 사람이다.

1. 소요유 10-7

堯讓天下於許由曰이라.
요 양 천 하 어 허 유 왈

요임금이 허유(許由)[46]에게 천하를 양보하면서 말하였다.

日月出矣어늘,
일 월 출 의

"해와 달이 나왔는데도

而爝火不息이면,
이 작 화 불 식

횃불이 꺼지지 않고 있다면

其於光也에,
기 어 광 야

그것이 빛이 되기에

不亦難乎아.
불 역 난 호

또한 어렵지 않겠습니까.

時雨降矣어늘,
시 우 강 의

때에 맞는 비가 내리는데

而猶浸灌하면,
이 유 침 관

아직도 물을 대고 있다면

其於澤也에,
기 어 택 야

그것이 땅을 적시는 데에

不亦勞乎아.
불 역 로 호

또한 헛수고가 되지 않겠습니까.

夫子立하면,
부 자 립

그대가 (천자의 자리에) 선다면

---

46 허유(許由) : 기산(箕山)에 은거하였다는 은사이다.

而[47]天下治어늘, 이 천 하 치	천하가 다스려질 텐데
而我猶尸之하니, 이 아 유 시 지	내가 아직도 그것을 주관하고 있으니
吾自視缺然이라. 오 자 시 결 연	내가 스스로 보기에 부족합니다.
請致天下하노이다. 청 치 천 하	천하를 바치겠습니다."
許由曰이라. 허 유 왈	허유가 대답하였다.
子治天下하여, 자 치 천 하	"그대가 천하를 다스려
天下旣已治也어늘, 천 하 기 이 치 야	천하가 이미 다스려졌는데
而我猶代子면, 이 아 유 대 자	그런데도 내가 그대를 대신한다면
吾將爲名乎인저. 오 장 위 명 호	나는 아마 명성을 추구하는 것이 될 것입니다.
名者는, 명 자	명성이란 것은
實之賓也니, 실 지 빈 야	실재의 객〔허상(虛像)〕이니

---

47 이(而) : 연사로, '즉(則)'의 용법이다.

| 吾將爲賓乎인저.
오 장 위 빈 호 | 나는 아마 객을 추구하는 것이
될 것입니다. |

鷦鷯巢於深林이나,
초 료 소 어 심 림

뱁새가 깊은 숲속에 둥지를 틀어도

不過一枝오,
불 과 일 지

나뭇가지 하나에 지나지 않고

偃鼠飮河나,
언 서 음 하

두더지가 황하의 물을 마셔도

不過滿腹이라.
불 과 만 복

배를 채우는 데에 지나지 않습니다.

歸休乎君이여.
귀 휴 호 군

돌아가 쉬시오. 그대여.

予無所用天下爲라.
여 무 소 용 천 하 위

나는 천하를 가지고
할 것이 없습니다.

庖人이
포 인

요리사가

雖不治庖라도,
수 불 치 포

비록 주방을 잘 다스리지 못하더라도

尸祝[48]이
시 축

제관(祭官)이

---

[48] 시축(尸祝): '시(尸)'는 '주(主)'의 뜻이니, 시축(尸祝)은 축문(祝文)을 주관하는 제관(祭官)을 가리킨다. '시(尸)'를 시동(尸童)으로 보아, 시동과 축관(祝官)으로 해석하기도 한다.

不越樽俎而代之矣니라. 제기(祭器)를 넘어가서
불 월 준 조 이 대 지 의   그를 대신하지는 않습니다."

| 단락 요지 | 천하를 다스리는 일에 대한 요임금과 허유의 대화를 통하여, 현실의 구속을 초월하여 자득해야 하는 이치를 설명하였다.

| 한자 풀이 | 爝 횃불 작, 浸 잠길 침·물댈 침, 灌 물댈 관·따를 관, 尸 주검 시·시동 시·주관할 시, 缺 이지러질 결·모자랄 결, 致 이를 치·부를 치·맡길 치, 鷦 뱁새 초, 鷯 뱁새 료, 偃 쓰러질 언·쏠릴 언·누울 언·두더지 언(鼴과 통용), 庖 부엌 포, 樽 술단지 준, 俎 도마 조(제수를 담는 제기)

1. 소요유 10-8

肩吾問於連叔曰이라. 견오(肩吾)가 연숙(連叔)[49]에게
견 오 문 어 연 숙 왈   물었다.

吾聞言於接輿한대, "내가 접여(接輿)[50]에게서
오 문 언 어 접 여   이야기를 들었는데

---

[49] 견오(肩吾)·연숙(連叔) : 장자가 설정한 허구적 인물들로, 유가(儒家)의 도를 지키는 이들이다.
[50] 접여(接輿) : 초나라의 은사인 육통(陸通)으로, 접여(接輿)는 그의 자이다. 전해지는 바에 의하면 공자(孔子)의 수레 옆을 지나며 노래를 불렀다고 하여 '접여'라는 이름이 붙었다고 한다.

大而無當[51]하며,
대 이 무 당

크기만 하고 바닥이 없었으며

往而不返이라.
왕 이 불 반

나아가기만 하고
돌아오지 않았습니다.

吾驚怖其言이러니,
오 경 포 기 언

나는 그의 이야기에
두려움을 느꼈으니,

猶河漢而無極也하고,
유 하 한 이 무 극 야

은하수와 같아서 끝이 없었고

大有逕庭[52]하여,
대 유 경 정

너무 차이가 나서

不近人情焉이라.
불 근 인 정 언

사람들의 정서에 가깝지 않았소."

連叔曰이라.
연 숙 왈

연숙이 말하였다.

其言謂何哉오?
기 언 위 하 재

"그 이야기가 무엇을
말한 것인데요?"

曰이라.
왈

견오가 말하였다.

藐姑射之山에,
막 고 야 지 산

"막고야산에

---

51 당(當) : 바닥[저(底)]의 뜻이다.
52 경정(逕庭) : 밖의 길과 안의 뜰처럼 떨어져 있어 서로 차이가 남을 가리킨다.

有神人居焉한대,
_{유 신 인 거 언}

신인(神人)이 사는데,

肌膚若冰雪하고,
_{기 부 약 빙 설}

피부는 얼음이나 눈처럼 희고

淖約若處子이라.
_{작 약 약 처 자}

부드럽기는 처녀와 같다.

不食五穀하고,
_{불 식 오 곡}

오곡을 먹지 않고

吸風飮露하며,
_{흡 풍 음 로}

바람을 들이쉬고 이슬을 마시며

乘雲氣하고,
_{승 운 기}

구름을 타고

御飛龍하여,
_{어 비 룡}

비룡(飛龍)을 부리면서

而遊乎四海之外라.
_{이 유 호 사 해 지 외}

사해(四海)의 밖에서 노닌다.

其神凝이면,
_{기 신 응}

그 정신이 응집되면

使物不疵癘하고,
_{사 물 불 자 려}

만물을 병들지 않게 하고

而年穀熟이라.
_{이 년 곡 숙}

그해 곡식을 잘 익게
한다는 것이었소.

吾以是狂而不信也라.
_{오 이 시 광 이 불 신 야}

나는 이것이 황당하다고 생각되어
믿지 못하겠소."

連叔曰이라.
연 숙 왈

연숙이 말하였다.

然하다.
연

"그렇겠습니다.

瞽者無以與文章之觀하고,
고 자 무 이 여 문 장 지 관

장님은 아름다운 무늬를 보는 데에 참여할 수 없고

聾者無以與乎鐘鼓之聲이라.
농 자 무 이 여 호 종 고 지 성

귀머거리는 종과 북소리를 듣는 데에 참여할 수 없소.

豈唯形骸有聾盲哉리오.
기 유 형 해 유 농 맹 재

어찌 몸에만 장님과 귀머거리가 있겠소.

夫知亦有之하니,
부 지 역 유 지

아는 것에도 또한 그러함이 있으니,

是其言也로,
시 기 언 야

이것이 그런 말로,

猶時女[53]也로다.
유 시 여 야

바로 그대와 같은 경우라오.

之人也와
지 인 야

그런 사람과

之德也는,
지 덕 야

그런 덕은

---

53 시(時)는 시(是)와 같고, 여(女)는 여(汝)로 견오(肩吾)를 가리킨다.

將旁礴[54]萬物以爲一이라.
장 방 박 만 물 이 위 일

장차 만물을 뒤섞어
하나로 하려 합니다.[55]

世蘄乎亂[56]이나,
세 기 호 란

세상 사람들은
(그가) 다스려 주기를 바라나,

孰弊弊焉[57]以天下爲事리오.
숙 폐 폐 언 이 천 하 위 사

누가 힘들게 천하를 가지고
일을 삼겠소.

之人也는,
지 인 야

그런 사람은

物莫之傷이니,
물 막 지 상

어느 것도 그를 해칠 것이 없으니,

大浸稽天而不溺하며,
대 침 계 천 이 불 닉

큰 홍수가 하늘까지 이르러도 빠져
죽게 하지 못하며

大旱金石流하고,
대 한 금 석 류

큰 가뭄에 쇠와 돌이 녹아 흐르고

土山焦라도,
토 산 초

땅과 산이 타더라도

而不熱이라.
이 불 열

뜨겁게 하지 못한다오.

---

54 방박(旁礴) : '방박(磅礴)'과 통하여, 뒤섞는 것이다.
55 차별과 구별을 초월한 물아일체의 경지이다.
56 란(亂) : 치(治)의 뜻이다.
57 폐폐언(弊弊焉) : 고생스럽고 지친 모습이다.

是其塵垢粃糠으로도,
_{시 기 진 구 비 강}

이 사람은 그의 때와 쭉정이로도

將猶陶鑄堯舜者也니,
_{장 유 도 주 요 순 자 야}

아마 요순을 만들어 낼 자이니,

孰肯以物爲事리오.
_{숙 긍 이 물 위 사}

누가 만물을 가지고
일을 삼으려 하겠소.

宋人資章甫[58]하여,
_{송 인 자 장 보}

송나라 사람이 장보관(章甫冠)을
밑천으로 하여

而適諸越한대,
_{이 적 저 월}

월나라에 갔는데

越人은
_{월 인}

월나라 사람들은

斷髮文身하니,
_{단 발 문 신}

머리를 자르고 문신을 하기 때문에

無所用之라.
_{무 소 용 지}

그것을 쓸 데가 없었다오.

堯治天下之民하여,
_{요 치 천 하 지 민}

요임금이 천하의 백성을 다스려

平海內之政하고,
_{평 해 내 지 정}

온 세상의 정치를 공평하게 하고

往見四子[59]藐姑射之山한대,
_{왕 견 사 자   막 고 야 지 산}

네 사람의 신인을 막고야산에 가서
만나고는

---

58 장보(章甫) : 유학자(儒學者)들이 쓰는 예관(禮冠)의 이름이다.

汾水之陽에,
_{분 수 지 양}
분수의 북쪽에서

窅然⁶⁰喪其天下焉이라.
_{요 연　　상 기 천 하 언}
아득히 천하를 잊어버렸다오."

| 단락 요지 | 신인(神人)의 경지와 현실[천하(天下)]의 가치를 대비하였다.
| 한자 풀이 | 當 당할 당·마땅할 당·밑 당, 逕 좁은 길 경·지날 경, 藐 작을 묘·약할 묘·멀 막(邈과 같은 자), 射 쏠 사·벼슬이름 야·산 이름 야·맞힐 석·싫어할 역, 淖 진흙 뇨·얌전할 작(綽과 통용), 疵 흉자·흉볼 자, 癘 문둥병 라·염병 려, 瞽 먼눈 고·소경 고, 骸 뼈 해·몸 해, 礴 섞을 박, 蘄 바랄 기, 弊 헤질 폐·피곤할 폐, 稽 상고할 계·머무를 계·이를 계, 溺 빠질 닉·빠뜨릴 닉·오줌 뇨, 焦 그을 초·태울 초, 垢 때 구·때문을 구, 粃 쭉정이 비·모를 비, 糠 겨 강, 鑄 쇠 부어 만들 주, 汾 물 이름 분·많을 분, 窅 움펑눈 요·으슥할 요·멀리 바라볼 요

1. 소요유 10-9

惠子謂莊子曰이라.
_{혜 자 위 장 자 왈}
혜자(惠子)⁶¹가 장자에게 말하였다.

---

59 사자(四子): 이전의 주에서 왕예(王倪), 설결(齧缺), 피의(被衣), 허유를 가리킨다고 하였는데, 장자가 설정한 허구적 인물이다.
60 요연(窅然): 멍한 모습이다.
61 혜자(惠子): 장자의 친구인 송나라 혜시(惠施)로, 위(魏) 양혜왕(梁惠王)의 재상을 지냈다. 명가(名家)의 대표적 인물인데, 『장자』에 등장하는 그와 관련된 이야기들은 우언(寓言)의 성격이 짙다.

魏王貽我大瓠之種하여,
위 왕 이 아 대 호 지 종

"위왕(魏王)이 나에게 큰 박의 씨를 주어

我樹之라.
아 수 지

내가 그것을 심었소.

成而實五石하여,
성 이 실 오 석

열매를 맺어 다섯 섬을 채울 정도가 되어

以盛水漿하니,
이 성 수 장

마실 것을 담았더니

其堅不能自擧也하고,
기 견 불 능 자 거 야

그 단단함은 자체를 지탱하지 못하고,

剖之以爲瓢하니,
부 지 이 위 표

쪼개어 바가지를 만드니

則瓠落[62]無所容이라.
즉 호 락   무 소 용

납작하여 담을 것이 없었소.

非不呺然[63]大也나,
비 불 효 연   대 야

덩그렇게 크지 않은 것은 아니지만

吾爲其無用하여,
오 위 기 무 용

나는 그것이 쓸모가 없다고 생각되어

而掊之라.
이 부 지

부숴버렸소."

---

62 호락(瓠落) : '확락(廓落)'과 같은 뜻으로, 너무 넓고 커서 납작한 것이다.
63 효연(呺然) : 크고 비어 있는 모습이다.

莊子曰이라.
_{장 자 왈}

장자가 말하였다.

夫子固拙於用大矣로다.
_{부 자 고 졸 어 용 대 의}

"그대는 진실로 큰 것을 쓰는 데 서툴군요.

宋人에,
_{송 인}

송나라 사람 중에

有善爲不龜手之藥者하여,
_{유 선 위 불 균 수 지 약 자}

손을 트지 않게 하는 약을 잘 만드는 사람이 있어,

世世以洴澼絖爲事러니,
_{세 세 이 병 벽 광 위 사}

대대로 솜을 표백하는 것으로 일을 삼았는데,

客聞之하고,
_{객 문 지}

나그네가 이 말을 듣고

請買其方以百金이라.
_{청 매 기 방 이 백 금}

그 방법을 백금에 사겠다고 청하였소.

聚族而謀曰이라.
_{취 족 이 모 왈}

(그는) 가족을 모아 놓고 의논하였다오.

我世世爲洴澼絖이나,
_{아 세 세 위 병 벽 광}

'우리가 대대로 솜을 표백하는 일을 해 왔는데

不過數金이라.
_{불 과 수 금}

(수입은) 몇 푼밖에 되지 않았다.

今一朝而鬻技百金하니,
금 일 조 이 육 기 백 금

지금 하루아침에 기술을 백금에 팔게 되었으니

請與之라.
청 여 지

그것을 주도록 하자.'

客得之하여,
객 득 지

나그네는 이것을 얻어

以說吳王이라.
이 세 오 왕

오나라 왕에게 유세했다오.

越有⁶⁴難하니,
월 유 난

월나라가 전쟁을 일으키자

吳王使之將하고,
오 왕 사 지 장

오왕은 그를 장군으로 삼았고,

冬與越人水戰하여,
동 여 월 인 수 전

겨울에 월나라 사람들과 수전(水戰)을 하여,

大敗越人하니,
대 패 월 인

크게 월나라 사람들을 무찌르자

裂地而封之라.
열 지 이 봉 지

(오왕은) 땅을 갈라 그를 봉(封)해 주었소.

能不龜手一也나,
능 불 균 수 일 야

손을 트지 않게 할 수 있었던 것은 한가지인데

---

64 유(有) : '爲'와 통하여, '만들다', '일으키다'의 뜻이다.

或以封하고,
혹 이 봉

어떤 사람은 봉지(封地)를 받고

或不免於洴澼絖하니,
혹 불 면 어 병 벽 광

어떤 사람은 솜을 표백하는 일에서 벗어나지 못했으니,

則所用之異也라.
즉 소 용 지 이 야

쓰는 방법이 달랐기 때문이오.

今子有五石之瓠면,
금 자 유 오 석 지 호

지금 그대가 닷 섬들이 박을 가지고 있다면,

何不慮以爲大樽하여,
하 불 려 이 위 대 준

어찌하여 이것으로 큰 통을 만들어

而浮乎江湖하고,
이 부 호 강 호

강호에 떠다닐 생각을 하지 않고

而憂其瓠落無所容고?
이 우 기 호 락 무 소 용

납작하여 담을 것이 없음을 걱정하시는지요?

則夫子猶有蓬之心也夫인저.
즉 부 자 유 유 봉 지 심 야 부

그대는 아직도 쑥처럼 옹졸한 생각을 가졌구려."

| 단락 요지 | 큰 쓸모[대용(大用)]에 대한 깨우침이다.
| 한자 풀이 | 貽 줄 이·끼칠 이, 瓠 박 호, 瓢 바가지 표, 呺 텅 비고 클 효, 掊 해칠 부·칠 부·가를 부, 龜 거북 귀·틀 균, 洴 표백할 병, 澼 표백할 벽, 絖 솜 광, 鬻 죽 죽·팔 육, 說 말씀 설·기쁠 열·유세할 세, 裂 찢을 렬·자투리 렬, 蓬 쑥 봉·흐트러질 봉

1. 소요유 10-10

惠子謂莊子曰이라.
혜자위장자왈

혜자가 장자에게 말하였다.

吾有大樹한대,
오유대수

"나에게 큰 나무가 있는데

人謂之樗라.
인위지저

사람들은 그것을 가죽나무라 하오.

其大本擁腫[65]하여,
기대본옹종

그 큰 줄기는 울퉁불퉁하여

而不中繩墨하고,
이부중승묵

먹줄에 맞지 않고

其小枝卷曲하여,
기소지권곡

그 작은 가지는 말리고 굽어서

而不中規矩하니,
이부중규구

그림쇠와 곡척에 맞지 않으니,

立之[66]塗호대,
입지 도

길가에 서 있어도

匠者不顧라.
장자불고

목수들이 쳐다보지도 않는다오.

今子之言은,
금자지언

지금 그대의 말은

---

65 옹종(擁腫) : 나무의 옹이가 부풀어 오른 모습이다.
66 지(之) : 개사(介詞)로, '어(於)'의 뜻이다.

大而無用하여,
대 이 무 용

크기만 하고 쓸모가 없어

衆所同去也라.
중 소 동 거 야

모든 사람들이 한결같이
버리는 것이오."

莊子曰이라.
장 자 왈

장자가 대답하였다.

子獨[67]不見狸狌乎아?
자 독   불 견 이 성 호

"그대는 어찌 너구리와 족제비를
보지 못했는가?

卑身而伏하여,
비 신 이 복

몸을 낮추고 엎드려

以候敖者라가,
이 후 오 자

놀러 나오는 놈(먹이)을 기다리다가

東西跳梁[68]하여,
동 서 도 량

이리저리 뛰면서

不辟高下하니,
불 피 고 하

높고 낮은 곳을 피하지 않으니,

中於機辟하고,
중 어 기 벽

덫에 걸리고

死於罔罟라.
사 어 망 고

그물에서 죽게 되지요.

---

67 독(獨) : 의문부사로, '어찌', '어떻게'의 뜻이다.
68 량(梁) : '뛰다'의 뜻으로, '량(踉)'과 같다.

今夫斄牛는,
금 부 리 우

지금 저 검은 소는

其大若垂天之雲이라.
기 대 약 수 천 지 운

그 크기가 하늘가의 구름과 같지요.

此能爲大矣나,
차 능 위 대 의

이것은 진짜로 크지만

而不能執鼠라.
이 불 능 집 서

쥐를 잘 잡지는 못한다오.

今子有大樹하여,
금 자 유 대 수

지금 그대는 큰 나무를
가지고 있으면서

患其無用하니,
환 기 무 용

그것이 쓸모없다고 걱정하시는데,

何不樹之於無何有之鄕廣莫之野하여,
하 불 수 지 어 무 하 유 지 향 광 막 지 야

어찌 그것을 아무것도
없는 곳의 드넓은 들판에 심고,

彷徨乎無爲其側하고,
방 황 호 무 위 기 측

서성이며 그 곁에서 일없이 느긋하고

逍遙乎寢臥其下오.
소 요 호 침 와 기 하

자유롭게 그 아래에
누워 자지 않는지요.

不夭斤斧하고,
불 요 근 부

도끼에 일찍 잘리지도 않고

物無害者니,
물 무 해 자

어느 것도 해를 끼칠 것이 없으니,

無所可用이나,   쓸 만한 곳이 없지만
무 소 가 용

安所困苦哉리오.   어디에서 고통을 당하리오."
안 소 곤 고 재

| 단락 요지 | 고정된 사유의 한계를 벗어나야 '큰 쓸모〔대용(大用)〕'에 대한 인식이 가능하다.

| 한자 풀이 | 樗 가죽나무 저, 擁 안을 옹·막을 옹, 腫 부스럼 종·부르틀 종, 規 그림쇠 규·꾀할 규·법 규, 矩 곱자 구·법 구, 塗 진흙 도·칠할 도·길 도, 狌 성성이(원숭이의 일종) 성·족제비 성, 候 기다릴 후, 跳 뛸 도·넘어질 도, 罔 그물 망(網과 같은 자)·없을 망, 罟 그물 고, 辟 임금 벽·법 벽·새그물 벽(繴과 통용)·피할 피, 斄 검은소 리, 莫 없을 막·말 막·아득할 막·어두울 막·저물 모

2. 만물과 주장을 같게 보다
〔제물론(齊物論)〕

「제물론(齊物論)」은 '만물을 같게 보는 것〔제물(齊物)〕'과 '주장을 같게 보는 것〔제론(齊論)〕'의 두 의미를 포괄하는 개념이다. 장자는 세상 만물이 천차만별인 것처럼 보이지만 도의 관점에서 보면 그 본질은 한가지라고 하였다(제물). 사람들의 말과 견해도 다른 것처럼 보이지만 도의 관점에서 보면 역시 그 본질은 한가지라고 하였다(제론). 이는 모든 존재를 있는 그대로 인정하는 태도에서 가능한 것이다. 이를 통하여, 주관적인 기준을 내세워 시비를 분별하는 국한에서 초월할 수 있다.

「제물론」은 「소요유」와 더불어 장자 철학의 중심이 되는 이론이다. 도(道)의 관점에서 현상적이고 주관적인 가치를 초월함으로써, 현실의 대립과 갈등을 극복하고 정신적 자유를 획득할 수 있다는 주장이다.

2. 제물론 27-1

南郭子綦隱机而坐하여,
남 곽 자 기 은 궤 이 좌

남곽자기(南郭子綦)¹가
책상에 기대 앉아

仰天而噓한대,
앙 천 이 허

하늘을 우러러보면서 숨을 내쉬는데,

荅焉²似喪其耦³라.
답 언 사 상 기 우

멍하니 자신의 육체를 잃은 듯하였다.

顔成子游立侍乎前曰이라.
안 성 자 유 입 시 호 전 왈

안성자유(顔成子游)⁴가 앞에 서서
모시고 있다가 말하였다.

何居⁵乎아?
하 기 호

"어찌된 일이십니까?

形固可使如槁木이며,
형 고 가 사 여 고 목

육체는 진실로 죽은 나무와 같게
할 수 있으며

而心固可使如死灰乎아?
이 심 고 가 사 여 사 회 호

마음은 진실로 불 꺼진 재와 같게
할 수 있습니까?⁶

---

1 남곽자기(南郭子綦) : 초나라 사람으로 초(楚) 장왕(莊王)의 동생이라고 하는데, 사실은 장자가 설정한 고사(高士)이다.
2 답언(荅焉) : '망아(忘我)'의 초월적 경지를 형용한다.
3 우(耦) : '짝'의 의미로, 여기서는 정신에 대하여 그 짝인 육체를 가리킨다. 따라서 "喪其耦"는 육체를 초월한 경지를 가리킨다.
4 안성자유(顔成子游) : 남곽자기의 제자로, 이름이 언(偃)이고 자유(子游)는 그의 자이다.
5 기(居) : 의문어조사이다.
6 '고목(槁木)'과 '사회(死灰)'는 육체(肉體)로 대표되는 외적인 구속이나 한계, 현상적인

今之隱机者는,	지금 책상에 기대고 계신 것은
금 지 은 궤 자	
非昔之隱机者也로이다.	전날 책상에 기대고 계셨던 모습이
비 석 지 은 궤 자 야	아닙니다."
子綦曰이라.	남곽자기가 말하였다.
자 기 왈	
偃아,	"언아,
언	
不亦善乎아.	훌륭하구나.
불 역 선 호	
而[7]問之也여.	네가 그것을 묻다니.
이 문 지 야	
今者吾喪我[8]로니,	지금 나는 주관적인 나를 잃었는데
금 자 오 상 아	
汝知之乎인저.	네가 그것을 알았구나.
여 지 지 호	

| 단락 요지 | 주관적인 나를 버려야 차별심에서 벗어나 만물을 같게 볼 수 있고, 물아일체의 경지에 이를 수 있음을 말하기 위한 도입부이다.

| 한자 풀이 | 綦 연둣빛 기, 隱 숨을 은·기댈 은, 机 책상 궤(几와 같은

시비분별을 초월한 상태이다.
7 이(而) : 2인칭대사이다.
8 '오(吾)'는 자체로서의 나(객관적인 나)이고, '아(我)'는 상대와의 관계 속에서 형성된 나(주관적인 나)이다.

자), 噓 입김내불 허, 嗒 멍할 탑(嗒과 같은 자), 耦 짝 우, 侍 모실 시

2. 제물론 27-2

汝聞人籟나,
여 문 인 뢰

너는 인뢰(人籟)[9]를 들었지만

而未聞地籟하고,
이 미 문 지 뢰

아직 지뢰(地籟)[10]를 듣지 못했고,

汝聞地籟나,
여 문 지 뢰

네가 지뢰를 들었더라도

而未聞天籟夫인저.
이 미 문 천 뢰 부

아직 천뢰(天籟)[11]는
듣지 못했을 것이다."

子游曰이라.
자 유 왈

안성자유가 말하였다.

敢問其方하노이다.
감 문 기 방

"감히 그 이치를 여쭤 보겠습니다."

子綦曰이라.
자 기 왈

남곽자기가 대답하였다.

---

9 인뢰(人籟) : 사람의 소리로, 자연의 소리인 지뢰(地籟)와 그 본질인 천뢰(天籟)와 대비되는 인공의 소리, 예를 들면 악기 소리 등을 가리킨다.
10 지뢰(地籟) : 땅의 소리, 즉 자연의 소리이다.
11 천뢰(天籟) : 하늘의 소리로 자연의 본질이자 소리의 원리이다. 부연하면 소리의 도(道)이다.

夫大塊¹²噫氣하니,
부 대 괴   희 기

"대지가 기운을 내뿜으니

其名爲風이라.
기 명 위 풍

그 이름이 바람이다.

是唯無作이나,
시 유 무 작

이것은 일어나지 않으면 그뿐이지만,

作則萬竅怒呺라.
작 즉 만 규 노 호

일어나게 되면 모든 구멍이
사납게 울부짖는다.

而獨不聞之翏翏¹³乎아?
이 독 불 문 지 료 료   호

너는 어찌 그 윙윙거리는 소리를
듣지 못했느냐?

山林之畏佳¹⁴에,
산 림 지 외 최

산림이 험한 곳에

大木百圍之竅穴은,
대 목 백 위 지 규 혈

백 위(圍)¹⁵의 둘레가 되는
큰 나무의 구멍들은

似鼻하고,
사 비

코 같기도 하고,

似口하며,
사 구

입 같기도 하며,

---

12 대괴(大塊): 대지(大地), 혹은 대자연을 가리킨다.
13 료료(翏翏): 바람 소리를 묘사한 의성어이다.
14 외최(畏佳): 외최(嵬崔)의 가차(假借)로, 산이 험한 모습을 가리킨다.
15 위(圍): 길이의 단위로, 의미하는 바가 두 가지이다. 하나는 두 손의 엄지와 검지를 둥글게 모은 길이이고, 다른 하나는 두 팔을 둥글게 모은 길이이다. 여기서는 전자로 보는 것이 좋겠다.

似耳하고,
사 이

귀 같기도 하고,

似枅[16]하며,
사 계

그릇 같기도 하며,

似圈[17]하고,
사 권

바리 같기도 하고,

似臼하며,
사 구

절구 같기도 하며,

似洼者와,
사 와 자

깊은 웅덩이 같은 것과,

似汚者라.
사 오 자

얕은 웅덩이 같은 것 등이다.

激者와,
격 자

(이 구멍들에서 나오는 소리는)
물이 부딪치는 소리와,

謞者와,
효 자

부르짖는 소리와,

叱者와,
질 자

꾸짖는 소리와,

吸者와,
흡 자

숨을 들이쉬는 소리와,

叫者와,
규 자

외치는 소리와,

---

16 계(枅) : '형(鈃) [제기]'과 같은 글자이다. 일설에는 기둥 위에 있는, 지붕을 받치는 작은 나무[두공(枓栱)]라고 하였다.
17 권(圈) : 나무를 휘어 만든 그릇으로 '권(棬)'과 같다.

| 譹者 와, | 울부짖는 소리와, |
| 호 자 | |

| 宎者 와, | 깊은 데서 나는 소리와, |
| 요 자 | |

| 咬者 라. | 소곤거리는 소리들이다. |
| 교 자 | |

| 前者唱于 하면, | 앞의 것이 '우' 하고 외치면 |
| 전 자 창 우 | |

| 而隨者唱喁 라. | 뒤따르는 것이 '옹' 하고 소리친다. |
| 이 수 자 창 우 | |

| 泠風則小和 하고, | 부드러운 바람에는 작게 호응하고 |
| 영 풍 즉 소 화 | |

| 飄風則大和 하며, | 거친 바람에는 크게 호응하며, |
| 표 풍 즉 대 화 | |

| 厲風濟 하면, | 사나운 바람이 그치면 |
| 여 풍 제 | |

| 則衆竅爲虛 라. | 곧 모든 구멍들은 고요해진다. |
| 즉 중 규 위 허 | |

| 而獨不見가? | 너는 어찌 보지 못했느냐? |
| 이 독 불 견 | |

| 之調調[18] 와, | (나뭇가지들이) 크게 흔들리는 |
| 지 조 조 | 그 모습과 |

---

18 조조(調調) : 센 바람에 나뭇가지가 흔들리는 모습을 가리킨다.

之刁刁¹⁹乎를.
_{지 조 조 호}

(나뭇잎들이) 가볍게 흔들리는
그 모습을.

| 단락 요지 | 자연의 소리가 구멍에 따라 다르게 나는 것을 열거하여, 각종 현상의 외재적 차이를 제시하고 있다.

| 한자 풀이 | 噫 한숨 쉴 희·내뿜을 희, 竅 구멍 규, 呺 텅 비고 클 효·바람소리 호, 翏 날 료·바람소리 료, 臼 절구 구, 枅 두공 계, 洼 웅덩이 와, 汚 웅덩이 오, 譹 간특할 학·부를 효, 譹 부르짖을 호, 宎 구석 요·깊숙할 요, 咬 지저귈 교, 于 바람 소리 우, 喁 화답할 우, 泠 맑을 령·온화할 령, 厲 사나울 려, 濟 건널 제·그칠 제, 刁 바라 조·흔들리는 모습 조

2. 제물론 27-3

子游曰이라.
_{자 유 왈}

안성자유가 말하였다.

地籟則衆竅是已요,
_{지 뢰 즉 중 규 시 이}

"지뢰(地籟)는 모든 구멍에서 나는
소리가 그것이고

人籟則比竹²⁰是已로이다.
_{인 뢰 즉 비 죽 시 이}

인뢰(人籟)는 피리 등 악기의
소리가 그것이군요.

---

19 조조(刁刁) : 약한 바람에 나뭇잎이 흔들리는 모습을 가리킨다.
20 비죽(比竹) : 피리, 생황 등 대나무를 엮어 만든 악기이다.

敢問天籟하노이다.
감 문 천 뢰

감히 천뢰(天籟)에 대해 여쭙겠습니다."

子綦曰이라.
자 기 왈

남곽자기가 대답하였다.

夫吹萬不同이나,
부 취 만 부 동

"불어 대는 것들이 만 가지로 같지 않지만,

而使其自己也라.
이 사 기 자 기 야

그것들로 하여금 자체로부터 말미암게 하는 것이다.

咸其自取하니,
함 기 자 취

모두가 그것이 자기 스스로에서 (원리를) 취하니

怒者其誰邪리오.
노 자 기 수 야

소리치게 하는 것이 그 누구이겠는가."

| 단락 요지 | 다양한 구멍에 따라 나오는 소리는 각기 다르지만 그 소리가 나오는 원리는 같아서 스스로 나오게 하는 것이니, 이것이 천뢰(天籟)임을 제시하였다. 천뢰는 바로 도(道)로서 도의 관점에서 보면 '만물을 같게 보는 것〔제물(齊物)〕'이 가능해짐을 깨우치고 있다.

| 한자 풀이 | 比 견줄 비·엮을 비·나란할 비

2. 제물론 27-4

大知閑閑[21]하고,
_{대 지 한 한}

큰 지혜는 넉넉하고

小知閒閒[22]하며,
_{소 지 간 간}

작은 지혜는 따지며

大言炎炎[23]하고,
_{대 언 담 담}

큰 말은 담담하고

小言詹詹[24]이라.
_{소 언 첨 첨}

작은 말은 수다스럽다.[25]

其寐也魂交하고,
_{기 매 야 혼 교}

그들이 잠잘 때에는 정신이 뒤섞이고

其覺也形開하여,
_{기 교 야 형 개}

그들이 깨어 있을 때에는
육체가 활동하여

與接爲搆하여,
_{여 접 위 구}

접촉하는 상대와 얽혀서

日以心鬪하니,
_{일 이 심 투}

나날이 마음속에서 싸우니

---

21 한한(閑閑) : 넓고 활달한 모습이다.
22 간간(閒閒) : 자세히 살피는 모습이다.
23 담담(炎炎) : '담담(淡淡)'과 같다.
24 첨첨(詹詹) : 말이 많은 모습이다.
25 이상의 구절은 '大知', '大言'을 칭송하고 '小知', '小言'을 비판한 것이 아니라, 각각의 다른 양상을 제시한 것이다.

縵者와, _{만 자}	느긋한 마음과
窖者와, _{교 자}	깊은 마음과
密者라. _{밀 자}	꼼꼼한 마음 등이다.
小恐惴惴²⁶하고, _{소 공 췌 췌}	작은 두려움에는 벌벌 떨고
大恐縵縵²⁷이라. _{대 공 만 만}	큰 두려움에는 기가 꺾인다.²⁸
其發若機栝²⁹하니, _{기 발 약 기 괄}	그들이 (마음을) 드러내는 것은 쇠뇌와 같으니
其司是非之謂也며, _{기 사 시 비 지 위 야}	그것은 시비를 주관하는 것을 말하며³⁰
其留如詛盟하니, _{기 류 여 저 맹}	그들이 (마음을) 간직하는 것은 맹세와 같으니
其守勝之謂也며, _{기 수 승 지 위 야}	그것은 승리를 지키는 것을 말하며³¹

---

26 췌췌(惴惴) : 몹시 두려워하는 모습이다.
27 만만(縵縵) : 기가 꺾인 모습이다.
28 마음속에서 싸우는 자들의 각종 심리 상태를 가리킨다.
29 기괄(機栝) : 쇠뇌(노(弩))에서 화살을 발사하는 부분을 가리킨다.
30 시비를 따질 때의 상황을 가리킨다.
31 생각을 감추고 드러내지 않는 상황을 가리킨다.

其殺若秋冬하니,
기 쇄 약 추 동

그들이 시드는 것은 가을,
겨울과 같으니

以言其日消也라.
이 언 기 일 소 야

그것(참됨)이 날로
소멸해 가는 것을 말한다.

其溺之所爲之하여,
기 익 지 소 위 지

그들이 빠진 것이 그렇게
만드는 것이니

不可使復之也며,
불 가 사 복 지 야

다시는 그것(참됨)을
회복할 수 없게 하며

其厭也如緘하니,
기 암 야 여 함

그들이 빠져 든 것은 줄로
얽어맨 듯하니

以言其老洫也라.
이 언 기 노 혁 야

늙어 가면서 심해지는 것을 말한다.

近死之心은,
근 사 지 심

죽음에 가까워지는 마음은

莫使復陽也라.
막 사 부 양 야

다시 회복시킬 수가 없다.

喜怒哀樂과,
희 노 애 락

희로애락과,

慮嘆變慹과,
여 탄 변 집

염려와 비탄, 변덕과 두려움과,

| 姚佚啓態가, | 경박과 방종, 드러냄과 |
| 조 일 계 태 | 잘난 체 등[32]이 |

| 樂出虛하고, | 음악이 빈 곳에서 나오고 |
| 악 출 허 | |

| 蒸成菌하여, | 습한 기운이 버섯을 내듯이,[33] |
| 증 성 균 | |

| 日夜相代乎前이나, | 밤낮으로 앞에서 서로 바뀌는데 |
| 일 야 상 대 호 전 | |

| 而莫知其所萌이라. | 그 비롯되는 바를 알지 못한다. |
| 이 막 지 기 소 맹 | |

| 단락 요지 | 지혜와 논변, 마음가짐, 감정 등 각종의 양태가 서로 달라 주관에 빠짐으로써, 도(道)를 잃어 가는 상황을 묘사하고 있다.

| 한자 풀이 | 詹 이를 첨·수다스러울 첨, 搆 얽을 구, 縵 늘어질 만, 栝 향나무 괄·틀 이름 괄·활고자 첨, 窖 깊을 교, 惴 두려울 췌, 詛 저주할 저·맹세할 저, 殺 죽일 살·덜 쇄, 厭 싫어할 염·빠질 암, 緘 줄 함·묶을 함 洫 봇도랑 혁·참람할 혁·넘칠 혁, 蟄 꼼짝 않을 집·두려워할 집, 姚 예쁠 요·가벼울 조, 佚 편안할 일, 蒸 많을 증·찔 증 菌 버섯 균, 萌 싹틀 맹·싹 맹

---

[32] 이상은 다양한 마음가짐과 감정이 상황에 따라 반응하는 현상을 열거한 것이다.
[33] 그것들을 내는 구체적 실체가 없음을 들어, 위에서 말한 각종 감정의 특성을 비유한 것이다.

2. 제물론 27-5

已乎已乎라.
이 호 이 호

그만두고 그만둘지라.

旦暮得此한대,
단 모 득 차

아침저녁으로 이런 것들이 생기는데

其³⁴所由以生乎인저.
기   소 유 이 생 호

아마 〔자연(도)에서〕 연유하여 생기는 것이리라.

非彼無我하고,
비 피 무 아

그것〔자연(도)〕이 아니면 내가 없고,

非我無所取하니,
비 아 무 소 취

내가 아니면 (도를) 취할 주체가 없으니,

是亦近矣나,
시 역 근 의

이는 〔그것(도)과 내가〕 서로 가까운데도,

而不知所爲使라.
이 부 지 소 위 사

그렇게 하도록 하는 것에 대해 알지 못한다.

若有眞宰나,
약 유 진 재

참된 주재자가 있는 듯하지만

而特不得其眹이라.
이 특 부 득 기 진

다만 그 조짐을 파악하지 못한다.

---

34 기(其) : 추측의 부사로, '태(殆)'와 같다.

可行已信이나,
가 행 이 신

작용할 수 있는 것은 이미 믿지만

而不見其形하니,
이 불 견 기 형

그 형상은 보이지 않으니,[35]

有情而無形이라.
유 정 이 무 형

정황은 있지만 형체가 없다.[36]

百骸九竅六藏[37]이,
백 해 구 규 육 장

(인체에는) 백 개의 뼈,
아홉 개의 구멍, 여섯 개의 장기가

賅而存焉한대,
해 이 존 언

갖추어져 존재하는데,

吾誰與爲親가?
오 수 여 위 친

나는 어느 것과 가까운가?

汝皆說之乎아?
여 개 열 지 호

그대는 그것들을 모두 좋아하는가?

其[38]有私焉가?
기 유 사 언

아니면 그 중에
편애하는 것이 있는가?

如是皆有爲臣妾乎아?
여 시 개 유 위 신 첩 호

이와 같다면 나머지는 모두 종이
되는 것인가?

---

35 도의 실체를 파악하면 감정의 구속을 초월할 수 있겠지만 그것이 쉽지 않음을 설명하였다.
36 『노자(老子)』제21장에, "도의 실체는 오직 황홀할 뿐이다. …… 그 정황은 진실하고 그 안에 참됨이 있다(道之爲物, 惟恍惟惚. 惚兮恍兮. …… 其情甚眞, 其中有信)"라고 하였다.
37 육장(六藏) : 간(肝), 심(心), 비(脾), 폐(肺), 신(腎)의 오장(五臟)에서, 신장을 둘로 보아 일컬은 것이다.
38 기(其) : 반어사로, '억(抑)'과 같은 기능을 갖는다.

其臣妾不足以相治乎아?   그 종들은 서로 다스릴 수
기 신 첩 부 족 이 상 치 호   없는 것인가?

其遞相爲君臣乎아?   아니면 번갈아가며 서로 주인이
기 체 상 위 군 신 호   되고 종이 되는 것인가?[39]

其有眞君存焉이라.   아마도 거기에는 참된 주재자가
기 유 진 군 존 언   있을 것이다.

如求得其情與不得은,   그 실정을 파악하느냐
여 구 득 기 정 여 부 득   하지 못하느냐를 구하는 것은,

無益損乎其眞이라.   참된 주재자에게 보탬이나
무 익 손 호 기 진   손상됨이 없다.

| 단락 요지 | 모든 현상은 자연스럽게 되는 것으로, 자체 내에는 변화의 원리〔자연(도)〕가 있음을 설명한 것이다.

| 한자 풀이 | 宰 재상 재·다스릴 재·주관할 재, 眹 눈동자 진·조짐 진, 骸 뼈 해·몸 해, 賅 갖출 해·겸할 해, 藏 감출 장·오장 장(臟과 통용), 遞 갈마들 체

---

[39] 각자 자체적인 의의가 있는데, 군(君)이니 신(臣)이니를 따지는 것은 무의미함을 설명한 것이다.

2. 제물론 27-6

一受其成形하면,
일 수 기 성 형

한번 그 이루어진 형체를 받게 되면

不忘[40]以待盡이라.
불 망 이 대 진

(타고난 것을) 잃지 않고
생명이 다하기를 기다린다.

與物相刃相靡[41]에,
여 물 상 인 상 미

상대와 서로 거스르거나
서로 따르면서

其行盡如馳하여,
기 행 진 여 치

다해 가는 것이
치달리는 것같이 빨라

而莫之能止하니,
이 막 지 능 지

그것을 막을 수가 없으니

不亦悲乎아.
불 역 비 호

또한 슬프지 않은가.

終身役役이라도,
종 신 역 역

평생토록 고생하여도

而不見其成功하고,
이 불 견 기 성 공

그 성공을 보지 못하고,

苶然疲役에,
날 연 피 역

고달프게 일에 지치면서

---

40 망(忘) : '망(亡)'과 통하여, '망실(亡失)'의 의미이다.
41 상인상미(相刃相靡) : '인(刃)'은 모순되는 것이고, '미(靡)'는 순응하는 것이다.

而不知其所歸하니, _{이 부 지 기 소 귀}	그 귀결되는 바를 모르니
可不哀邪아. _{가 불 애 야}	참으로 가엾지 않은가.**42**
人謂之不死나, _{인 위 지 불 사}	남들이 죽지 않았다고 말하더라도
奚益이리오. _{해 익}	무슨 이익이 되겠는가.
其形化면, _{기 형 화}	그 형체가 변화하면서
其心與之然이니, _{기 심 여 지 연}	그 마음도 또한 이와 함께 변해 가니
可不謂大哀乎아. _{가 불 위 대 애 호}	큰 슬픔이라고 하지 않을 수 있겠는가.
人之生也는, _{인 지 생 야}	사람의 삶이란
固若是芒**43**乎아? _{고 약 시 망 호}	본디 이와 같이 어리석은 것일까?
其我獨芒하고, _{기 아 독 망}	아니면 나 혼자만 어리석고
而人亦有不芒者乎아? _{이 인 역 유 불 망 자 호}	남들은 또한 어리석지 않은 이들이 있는가?

---

42 이것이 자연에서 형체를 부여받아 살아가는 모든 존재들의 운명임을 설명한 것이다.
43 망(芒) : '망(茫)'과 통하여, 무지(無知)한 모습이다.

| 단락 요지 | 종신토록 고생하면서 고단한 삶을 영위하는 중인(衆人)들의 실상을 언급하였다.
| 한자 풀이 | 靡 쓰러질 미·쏠릴 미, 役 수자리 역·일 역, 馳 달릴 치, 苶 고달플 날, 疲 지칠 피·피로할 피, 芒 까끄라기 망·어두울 망

2. 제물론 27-7

夫隨其成心,[44]
부 수 기 성 심

고정된 마음을 따라

而師之면,
이 사 지

그것을 스승 삼는다면,

誰獨且無師乎아.
수 독 차 무 사 호

누구인들 어찌 스승이 없겠는가.[45]

奚必知代[46]하여,
해 필 지 대

어찌 반드시 변화를 알아서

而心自取者有之리오.
이 심 자 취 자 유 지

마음에 스스로 (변화를) 취하는 자만이 그것을 갖고 있겠는가.

愚者與有焉이라.
우 자 여 유 언

어리석은 자도 함께 그것을 가지고 있다.

---

44 성심(成心) : 이미 고정된 마음, 즉 고정관념을 가리킨다.
45 여기에서 말하는 스승은 시비(是非)에 대한 주관적인 판단 기준이나 표준을 가리킨다.
46 대(代) : 대신하여 바꾼다는 뜻에서 '변화(變化)'를 의미한다.

未成乎心而有是非는,
미 성 호 심 이 유 시 비

아직 마음이 고정되지 않았는데
시비가 있다는 것은

是今日適越而昔至也라.
시 금 일 적 월 이 석 지 야

오늘 월나라로 가는데
어제 도착하였다는 격이다.[47]

是以無有爲有니,
시 이 무 유 위 유

이것은 (시비의 기준이) 없는 것을
있다고 하는 것이니,

無有爲有면,
무 유 위 유

없는 것을 있다고 한다면

雖有神禹라도,
수 유 신 우

비록 신령스런 우임금이라도

且不能知어늘,
차 불 능 지

오히려 알 수 없을 텐데

吾獨且奈何哉리오.
오 독 차 내 하 재

내가 홀로 또 어찌하겠는가.

| 단락 요지 | 고정관념을 없애야 시비가 일어나지 않음을 제시하기 위한 설정이다. 시비의 초월이 '주장을 같게 보는 것〔제론(齊論)〕'이다.
| 한자 풀이 | 適 갈 적 · 맞을 적, 禹 우임금 우 · 도울 우

---

47 고정관념 때문에 시비가 생긴다는 것을 강조하기 위한 비유이다.

2. 제물론 27-8

夫言非吹也니,
_{부 언 비 취 야}

말이라는 것은 바람 부는 것이 아니라서,

言者有言이라.
_{언 자 유 언}

말하는 자에게는 말하는 내용이 있다.

其所言者는,
_{기 소 언 자}

그가 말하는 내용은

特未定也라.
_{특 미 정 야}

다만 (시비가) 정해지지 않았다.

果有言邪아?
_{과 유 언 야}

그렇다면 과연 말하는 내용이 있는 것인가?

其未嘗有言邪아?
_{기 미 상 유 언 야}

아니면 아예 말하는 내용이 없는 것인가?[48]

其以爲異於鷇音이나,
_{기 이 위 이 어 구 음}

그들은 '새 새끼'의 지저귐과는 다르다고 하지만

亦有辯乎아,
_{역 유 변 호}

또한 구별이 있는 것인가,

---

[48] 내용의 차이를 주관적인 판단으로 분별할 필요가 없음을 가리킨다.

| 其無辯乎아? | 아니면 구별이 없는 것인가?[49] |
| 기 무 변 호 | |

道惡乎隱하여,   도는 어디에 가려져
도 오 호 은

而有眞僞며,   참과 거짓이 있으며,
이 유 진 위

言惡乎隱하여,   말은 어디에 가려져
언 오 호 은

而有是非아?   옳고 그름이 있는가?
이 유 시 비

道惡乎往而不存하며,   도는 어디로 가서 존재하지 않으며,
도 오 호 왕 이 부 존

言惡乎存而不可아?   말은 어디로 가 있어
언 오 호 존 이 불 가   타당하지 않은가?

道隱於小成하고,   도는 작은 성취에 의해 가려지고,[50]
도 은 어 소 성

言隱於榮華라.   말은 화려함에 의해 가려진다.[51]
언 은 어 영 화

---

49 '새 새끼'의 지저귐과 사람의 말의 차이를 주관적인 판단으로 분별할 필요가 없음을 가리킨다.
50 '작은 성취[소성(小成)]'는 유가(儒家)의 인의(仁義), 묵가(墨家)의 겸애(兼愛) 등을 가리킨다. 유가나 묵가 등이 내세우는 주관적 가치에 의해 참과 거짓[진위(眞僞)]이 생기고, 따라서 도가 가려진다는 설명이다.
51 말은 화려한 수식에 의해 옳고 그름[시비(是非)]이 생기고, 따라서 말이 가려진다는 설명이다.

| 故有儒墨之是非하니,　　　　 | 그래서 유가와 묵가의 시비가 생기니 |
| 고 유 유 묵 지 시 비 | |

以是其所非하고,　　　　상대가 그르다고 하는 것을
이 시 기 소 비　　　　　　옳다고 하고,

而非其所是라.　　　　　상대가 옳다 하는 것을
이 비 기 소 시　　　　　　그르다고 한다.

欲是其所非하고,　　　　상대가 그르다고 하는 것을
욕 시 기 소 비　　　　　　옳다고 하고 싶고,

而非其所是나,　　　　　상대가 옳다고 하는 것을
이 비 기 소 시　　　　　　그르다고 하고 싶겠지만

則莫若以明이라.　　　　〔도(道)에〕 따라서 밝히는 것보다
즉 막 약 이 명　　　　　　좋은 것이 없다.

| 단락 요지 | 사람들의 말이 각자 다른데, 자신의 기준으로 시비를 따지는 어리석음을 범하지 말 것을 강조한 내용이다.

| 한자 풀이 | 鷇 새 새끼 구, 隱 숨을 은 · 숨길 은 · 가엾어 할 은

2. 제물론 27-9

物無非彼하고,　　　　　만물은 저것이 아닌 것이 없고
물 무 비 피

物無非是라. 물 무 비 시	만물은 이것이 아닌 것이 없다.[52]
自彼則不見이나, 자 피 즉 불 견	저쪽으로부터는 보지 못해도
自知則知之라. 자 지 즉 지 지	자신이 아는 것은 안다.
故曰하노니, 고 왈	그래서 말하기를,
彼出於是하고, 피 출 어 시	저것은 이것에서 나오고
是亦因彼라. 시 역 인 피	이것 또한 저것에서 말미암는다고 하는 것이다.
彼是方生之說也나, 피 시 방 생 지 설 야	저것과 이것이라는 것은 (서로에 의해) 막 생겨난 말이나
雖然方生方死하고, 수 연 방 생 방 사	그렇지만 막 생겨난 것이 바로 없어지고,[53]
方死方生하며, 방 사 방 생	막 없어진 것이 바로 생겨나게 되며,

---

[52] 이쪽에서의 저것은 저쪽에서의 이것이 되는, 인식면에서의 상대적인 속성을 가리킨다.
[53] 저것은 이것이라고 하는 것 때문에 생기는 개념으로, 저쪽에서는 이것이 되어 바로 없어지는 것이라는 설명이다.

方可方不可 하고,
방 가 방 불 가

막 가능했던 것이 바로
불가능하게 되고

方不可方可라.
방 불 가 방 가

막 불가능했던 것이 바로
가능하게 된다.

因是因非하고,
인 시 인 비

옳음을 따르다가 그름을 따르고,

因非因是라.
인 비 인 시

그름을 따르다가 옳음을 따른다.[54]

是以聖人不由 하고,
시 이 성 인 불 유

이 때문에 성인은 (시비를)
따르지 않고

而照之於天하고,
이 조 지 어 천

하늘의 이치에 비추고,

亦因是也라.
역 인 시 야

또한 이것(하늘의 이치)을 따른다.

是亦彼也요,
시 역 피 야

이것도 또한 저것이고

彼亦是也니,
피 역 시 야

저것도 또한 이것이니,

彼亦一是非요,
피 역 일 시 비

저것도 또한 하나의 시비이고

---

54 옳고 그름이 절대성을 지니지 못하는 속성, 즉 상호 의존적으로 시비가 생기는 것을 가리킨다.

此亦一是非라. 차 역 일 시 비	이것도 또한 하나의 시비이다.
果且有彼是乎哉아? 과 차 유 피 시 호 재	(그렇다면) 과연 저것과 이것은 있는 것인가?
果且無彼是乎哉아? 과 차 무 피 시 호 재	과연 저것과 이것은 없는 것인가?
彼是莫得其偶를, 피 시 막 득 기 우	저것과 이것이 상대적인 짝을 얻지 못하는 것[55]을
謂之道樞라. 위 지 도 추	'도의 지도리〔도추(道樞)〕[56]'라고 한다.
樞始得其環中하면, 추 시 득 기 환 중	지도리가 처음에 고리의 한가운데를 얻으면
以應無窮하여, 이 응 무 궁	무궁함에 대응하게 되어[57]
是亦一無窮이요, 시 역 일 무 궁	옳은 것도 무궁함의 하나이고

---

55 상대적인 한계의 초월을 가리킨다.
56 도의 지도리〔도추(道樞)〕: 도의 핵심, 중심을 가리킨다.
57 이 단락의 서두에서, "만물은 저것이 아닌 것이 없고 만물은 이것이 아닌 것이 없다(物無非是, 物無非彼)"라고 말한 명제를 결론짓는 것으로, 이것과 저것의 분별을 초월하게 됨을 말하였다.

| 非亦一無窮也라.
비 역 일 무 궁 야 | 그른 것도 무궁함의 하나가 된다.[58] |

| 故曰하노니,
고 왈 | 그래서 말하기를, |

| 莫若以明이라.
막 약 이 명 | 〔도(道)에〕 따라서 밝히는 것보다 좋은 것이 없다고 하는 것이다. |

| 단락 요지 | 일체의 현상이 상대적임을 알아 주관적인 기준에 집착하지 말 것이며, 도의 기준에 따를 것을 주장하였다.
| 한자 풀이 | 因 따를 인 · 말미암을 인 · 의지할 인, 照 비칠 조 · 비출 조 · 빛 조, 偶 짝 우, 樞 지도리 추

2. 제물론 27-10

| 以指喩指之非指는,
이 지 유 지 지 비 지 | 손가락을 가지고 손가락이 손가락이 아님을 설명하는 것은 |

| 不若以非指로,
불 약 이 비 지 | '손가락이 아닌 것〔도(道)〕'을 가지고 |

| 喩指之非指也라.
유 지 지 비 지 야 | 손가락이 손가락이 아님을 설명하는 것만 못하다.[59] |

---

58 시(是)와 비(非)를 무궁함에 포용하는 긍정적 초월이 가능하다는 설명이다.
59 전국시대 명가학파(名家學派)인 공손룡자(公孫龍子)가 『지물론(指物論)』에서 내세운,

| 以馬喩馬之非馬는, | 말(馬)을 가지고 말이 말이 아님을 설명하는 것은
| 이 마 유 마 지 비 마 | |

| 不若以非馬로, | '말이 아닌 것(도(道))'을 가지고
| 불 약 이 비 마 | |

| 喩馬之非馬也라. | 말이 말이 아님을 설명하는 것만 못하다.
| 유 마 지 비 마 야 | |

| 天地一指也며, | 천지도 하나의 손가락이고
| 천 지 일 지 야 | |

| 萬物一馬也라. | 만물도 하나의 말이다.
| 만 물 일 마 야 | |

| 단락 요지 | 마지막 구절에서 결론지었듯이 천지와 만물이 모두 상대적인 것이니, 주관적이고 현상적인 기준을 내세우지 말고 도에 따를 것을 주장하였다.

| 한자 풀이 | 喩 깨우칠 유 · 비유할 유 · 좋아할 유

현상을 기준으로 하여 현상을 설명하는 한계, 즉 상대적인 판단의 한계를 지적하면서 사물의 본질(도(道))에 입각하여 현상을 볼 것을 주장한 것이다. 다음의 '비마론(非馬論)'로 마찬가지이다.

2. 제물론 27-11

可乎可 하고,
가 호 가

(자신에게) 괜찮은 것을
괜찮다고 하고

不可乎不可라.
불 가 호 불 가

괜찮지 않은 것을
괜찮지 않다고 한다.

道行之而成 하고,
도 행 지 이 성

길은 다녀서 이루어지고,

物謂之而然이라.
물 위 지 이 연

만물은 일컬어서 그러하다.[60]

惡乎然가.
오 호 연

어디에서 그러한가.

然於然이라.
연 어 연

그렇다고 하는 데에서 그러하다.

惡乎不然가.
오 호 불 연

어디에서 그렇지 않은가.

不然於不然이라.
불 연 어 불 연

그렇지 않다고 하는 데에서
그렇지 않다.

物固有所然 하고,
물 고 유 소 연

만물은 본디 그러한 바가 있고

---

[60] 일상 속에서 당연하게 여기는 현상들이 사실은 원래 고정된 것이 아님을, 비유를 들어 설명한 것이다.

物固有所可니,
무 고 유 소 가

無物不然하고,
무 물 불 연

無物不可라.
무 물 불 가

故爲是擧莛與楹과,
고 위 시 거 정 여 영

厲與西施와,
여 여 서 시

恢恑憰怪하여,
회 궤 휼 괴

道通爲一이라.
도 통 위 일

其分也成也요,
기 분 야 성 야

其成也毁也니라.
기 성 야 훼 야

만물은 본디 괜찮은 바가 있으니,

그렇지 않은 만물은 없고,

괜찮지 않은 만물은 없다.[61]

그래서 이 때문에 풀의 줄기와 굵은 기둥과,

문둥이와 서시와,

엄청난 것과 괴이한 것들[62]을 통틀어,

도는 공통적인 것이라서 한가지이다.

그 나뉨은 (다른 편에서의) 이루어짐이고,

그 이루어짐은 (다른 편에서의) 손상됨이다.[63]

---

61 괜찮음과 괜찮지 않음(可乎可), 그러함과 그렇지 않음(然不然)은 정해져 있는 것이 아니라 그렇게 여기고 그렇게 말함으로써 생겨나는 상대적인 가치 판단임을 강조한 것이다.
62 사람들이 크게 다르다고 여기는 여러 현상들이다.
63 역시 관점에 따라 반대가 되는 상대적인 것임을 설명한 것이다. 나무와 목재가구의 관계가 그런 예이다.

凡物無成與毀하고,
범 물 무 성 여 훼

무릇 만물은 이루어짐이나
손상됨을 막론하고

復通爲一이라.
부 통 위 일

또한 공통적인 것이라서 한가지이다.

唯達者知通爲一하니,
유 달 자 지 통 위 일

오직 깨달은 자만이 공통적인
것이라서 한가지임을 아니,

爲是不用하고,
위 시 불 용

이 때문에 (분별하는 법을)
쓰지 않고

而寓諸庸이라.
이 우 저 용

이것을 '한결같은 이치〔도(道)〕'에
맡긴다.

庸也者用也요,
용 야 자 용 야

한결같은 이치라는 것이 (만물에)
적용되는 것이고

用也者通也며,
용 야 자 통 야

(만물에) 적용된다는 것이
공통적인 것이며

通也者得也니,
통 야 자 득 야

공통적이라는 것이 터득하는 것이니

適得而幾矣니라.
적 득 이 기 의

제대로 터득하면 (도에) 가까워진다.

因是已요.
인 시 이

이를 따를 뿐,

已而不知其然하니,
이 이 부 지 기 연

(분별하는 법을) 그만두고 그것이
그러함도 알지 못하니

謂之道니라.
위 지 도

이를 일러 도(道)라고 한다.

| 단락 요지 | 상대적이고 대립적인 현상도 도의 관점에서 보면 같은 것으로, 본질적인 차이가 존재하지 않는다는 제물론의 이론이다.
| 한자 풀이 | 擧 들 거 · 등용할 거 · 모두 거, 莛 풀줄기 정, 楹 기둥 영, 厲 사나울 려 · 문둥병 려, 恢 넓을 회, 恑 괴이할 궤, 憰 속일 휼, 怪 기이할 괴, 毁 헐 훼 · 상할 훼, 寓 붙어 살 우 · 부칠 우 · 맡길 우, 庸 쓸 용 · 범상할 용 · 어찌 용

2. 제물론 27-12

勞神明[64]爲一이나,
노 신 명 위 일

정신을 수고롭게 하면서
한가지인 것을 추구하지만,

而不知其同也하니,
이 부 지 기 동 야

그것이 같음을 알지 못하니,[65]

謂之朝三이라.
위 지 조 삼

이것을 일러 '조삼(朝三)'이라고
한다.

---

64 신명(神明) : 사람의 정신이나 심사(心思)를 가리킨다.
65 도의 본질을 알지 못하는 어리석은 중생(衆生)의 경우이다.

| 何謂朝三고. | 무엇을 '조삼'이라고 하는가. |
| 하 위 조 삼 | |

狙公賦芧曰이라.
저 공 부 서 왈

원숭이를 키우는 사람이 상수리를 주면서 말하였다.

朝三而暮四라 하니,
조 삼 이 모 사

"아침에 세 개씩 주고 저녁에 네 개씩 주겠다"라고 하니

衆狙皆怒라.
중 저 개 노

많은 원숭이들이 모두 화를 냈다.

曰하여,
왈

(그래서) 말하기를,

然則朝四而暮三이라 하니,
연 즉 조 사 이 모 삼

"그렇다면 아침에 네 개씩 주고 저녁에 세 개씩 주겠다"라고 하니,

衆狙皆悅이라.
중 저 개 열

많은 원숭이들이 모두 기뻐하였다.

名實未虧나,
명 실 미 휴

명칭과 실상[66]이 손상되지 않았는데도

而喜怒爲用하니,
이 희 노 위 용

기뻐하고 성내는 것이 작용하니

亦因是也라.
역 인 시 야

역시 이〔그것이 같음을 알지 못함〕 때문이다.

---

66 일곱 개라고 하는 명칭과 일곱 개인 실상이다.

是以聖人和之以是非하여,	그러므로 성인은 시비를 조화시켜
시 이 성 인 화 지 이 시 비	
而休乎天鈞하니,	천균(天鈞)[67]에서 쉬니.
이 휴 호 천 균	
是之謂兩行이라.	이것을 '양행(兩行)[68]'이라고 한다.
시 지 위 양 행	

| 단락 요지 | 현상의 면에서 다른 것 같지만 사실은 같음을 깨달아야 물아일체의 경지에 이른다. 시와 비를 아울러 포용함으로써 시비의 초월인 양행(兩行)의 경지가 가능하다.
| 한자 풀이 | 狙 원숭이 저, 芧 상수리 서, 虧 이지러질 휴, 鈞 고를 균

2. 제물론 27-13

古之人은,	옛사람은
고 지 인	
其知有所至矣라.	그 지혜가 지극한 바가 있었다.
기 지 유 소 지 의	
惡乎至오.	어디에서 지극하였는가.
오 호 지	

---

67 천균(天鈞) : 자연의 고른 이치이다. '천(天)'은 자연(自然)이고 '균(鈞)'은 '균(均)'이니, '도의 견지에서 본 동일함'이다.
68 양행(兩行) : 시와 비를 포용함으로써 상대적인 일체를 인정하는 경지, 즉 물아일체의 경지이다.

有以爲未始有物者하니,
유 이 위 미 시 유 물 자

처음부터 사물이 있지 않다고 생각한 사람이 있었으니,[69]

至矣盡矣하여,
지 의 진 의

지극하고 극진하여

不可以加矣라.
불 가 이 가 의

더할 수가 없다.

其次는,
기 차

그 다음으로는

以爲有物矣나,
이 위 유 물 의

사물이 있다고 여기기는 하나

而未始有封也라.
이 미 시 유 봉 야

처음부터 경계가 있지 않았다.[70]

其次는,
기 차

그 다음은

以爲有封焉이나,
이 위 유 봉 언

경계가 있다고 여기기는 하나

而未始有是非也라.
이 미 시 유 시 비 야

처음부터 시비가 있지 않았다.[71]

是非之彰也는,
시 비 지 창 야

시비가 드러나는 것은

道之所以虧也라.
도 지 소 이 휴 야

도가 손상되는 이유이다.

---

[69] 존재를 초월한 경지이다.
[70] 차별을 초월한 경지이다.
[71] 시비를 초월한 경지이다.

| 道之所以虧는,
_{도 지 소 이 휴} | 도가 손상되는 것은 |

| 愛之所以成이라.
_{애 지 소 이 성} | 좋아함이 이루어지는 이유이다.[72] |

| 果且有成與虧乎哉아?
_{과 차 유 성 여 휴 호 재} | 과연 또 이루어짐과 손상됨이 있는 것일까? |

| 果且無成與虧乎哉아?
_{과 차 무 성 여 휴 호 재} | 과연 이루어짐과 손상됨이 없는 것일까?[73] |

| 有成與虧는,
_{유 성 여 휴} | 이루어짐과 손상됨이 있는 것은 |

| 故[74]昭氏之鼓琴也오,
_{고 소 씨 지 고 금 야} | 즉 소씨(昭氏)[75]가 거문고를 연주하는 것이고, |

| 無成與虧는,
_{무 성 여 휴} | 이루어짐과 손상됨이 없는 것은 |

| 故昭氏之不鼓琴也니라.
_{고 소 씨 지 불 고 금 야} | 즉 소씨가 거문고를 연주하지 않는 것이다.[76] |

---

72 좋아함은 좋아함과 싫어함 등의 주관적인 감정을 포괄하는 개념이다.
73 이루어짐과 손상됨은 현상에서는 있지만 도의 견지에서 보면 없는 것으로, 없다고 보는 것이 존재를 초월한 '처음부터 사물이 있지 않다고 생각한 사람(以爲未始有物者)'의 경지이다.
74 고(故) : 연사 '즉(則)'의 용법이다.
75 소씨(昭氏) : 거문고 연주에 뛰어났던 소문(昭文)이란 사람이다.
76 음악에는 고저장단이 있어 하나 하나를 연주하기 때문에, 하나를 이루면 하나를 놓치게 됨을 설명한 것이다.

| 단락 요지 | 분별심을 초월한 경지의 여러 단계를 제시하고, 유형의 국한에서 벗어날 것을 강조하였다.

| 한자 풀이 | 封 봉할 봉·지경 봉, 彰 밝을 창·드러날 창, 虧 이지러질 휴, 昭 밝을 소

2. 제물론 27-14

昭文之鼓琴也와,
소문지고금야

소문이 거문고를 탄 것과,

師曠之枝策[77]也와,
사광지지책 야

사광(師曠)[78]이 채를 잡은 것과,

惠子之據梧[79]也에,
혜자지거오 야

혜자가 책상에 기댄 것에 있어,

三子之知幾乎하여,
삼자지지기호

세 사람의 지혜는 지극하여

皆其盛者也니,
개기성자야

모두 훌륭한 것이었으니

故載之末年이라.
고재지말년

그래서 후세에까지 기록되어 있다.

唯其好之也를,
유기호지야

다만 그들이 좋아한 것을

---

77 지책(枝策) : '지(枝)'는 '지(持)'와 통하여, '지책(枝策)'은 북채를 잡고 박자를 치는 것이다.
78 사광(師曠) : 진(晉) 평공(平公) 시기의 유명한 악사(樂師)이다.
79 거오(據梧) : 책상에 기대어 담론하는 것이다.

以異於彼하여,	남들과 다르다고 여겨
其好之也를,	그들이 좋아한 것을
欲以明之라.	(남에게도) 밝히려 하였다.
彼非所明而明之하니,	그들은 밝힐 것이 아닌데도 밝혔으니
故以堅白之昧終이라.	그래서 견백론(堅白論)[80]의 어리석음으로 끝났다.
而其子又以文之綸終하나,	그리고 그의 아들이 또 소문(昭文)의 유업(遺業)으로 마쳤으나
終身無成이라.	평생토록 이루지 못하였다.
若是而可謂成乎면,	이와 같은데도 이루었다고 할 수 있다면,
雖我亦成也라.	비록 나의 경우라도 또한 이룬 것이다.[81]

---

[80] 견백론(堅白論) : 명가학파인 공손룡자의 주장으로, 돌의 재질과 색깔로 돌을 논하였다. 장자는 재질과 색깔에 대한 논의로는 돌의 본질을 밝힐 수 없다고 반박하였다.
[81] 여기서의 '나'는 '나를 포함한 누구든지'의 의미이다.

若是而不可謂成乎면,	이와 같은데도 이루었다고 할 수 없다면,
物與我無成也라.	상대와 나도 이룬 것이 없다.
是故滑疑之[82]耀는,	이 때문에 의심스러운 것을 어지럽혀 빛나게 하는 것은[83]
聖人之所圖[84]也라.	성인이 비루하게 여겼던 것이다.
爲是不用하고,	이 때문에 (분별하는 법을) 쓰지 않고
而寓諸庸이라.	이것을 '한결같은 이치〔도(道)〕'에 맡긴다.
此之謂以明이니라.	이것을 일러 〔도(道)에〕 따라 밝힌다고 하는 것이다.

| 단락 요지 | 분별심으로 시비를 가리는 어리석음에서 벗어나, 도에 근거할 것을 강조하였다.

---

[82] 지(之) : 연사로, '이(而)'의 용법이다. 『노자』 제1장에 보이는, "현묘하고 또 현묘하다(玄之又玄)"의 '之'와 같은 용법이다.
[83] '골(滑)'은 '난(亂)'의 뜻이고 '요(耀)'는 사람들의 눈을 현혹시키는 것으로, 앞에서 언급한 소문, 사광, 혜자 등의 행위를 가리킨다.
[84] 도(圖) : '비(啚)'의 본래자이다.

| 한자 풀이 | 曠 빌 광, 據 의거할 거·기댈 거, 昧 어두울 매, 綸 낚싯줄 륜·굵은 실 륜, 滑 미끄러울 활·어지러울 골·어지럽힐 골·흐릴 골, 耀 빛날 요·빛낼 요, 寓 머무를 우·맡길 우

2. 제물론 27-15

今且有言於此하니,
금 차 유 언 어 차

지금 또 여기에 말한 것이 있는데

不知其與是類乎와,
부 지 기 여 시 류 호

그것이 이것과 동류가 되는지,

其與是不類乎라.
기 여 시 불 류 호

아니면 이것과 동류가 되지 않는지
알 수 없다.

類與不類가,
유 여 불 류

동류가 되는 것과 동류가
되지 않는 것들이

相與爲類하니,
상 여 위 류

서로 동류를 이루니

則與彼無以異矣라.
즉 여 피 무 이 이 의

저것과 다를 것이 없게 된다.[85]

雖然請嘗言之하노라.
수 연 청 상 언 지

비록 그러하나 시험 삼아 말해 보자.

---

85 피아(彼我), 시비(是非)를 초월하지 못했다는 면에서 같다는 뜻이다.

| 有始也者는, | 시작이 있다는 것은 |

有未始有始也者요, 전에 '아직 시작이 있지 않았던 때'가 있었다는 것이고,

有未始有夫未始有始也者라. 그전에 '아직 시작이 있지 않았던 때가 있지 않았던 때'가 있었다는 것이다.

有有也者는, 유(有)가 있다는 것은

有無也者요, (유가 있지 않았던 상태, 즉) 무(無)가 있었다는 것이고,

有未始有無也者며, 전에 '아직 무가 있지 않았던 때'가 있었다는 것이며,

有未始有夫未始有無也者라. 그전에 '아직 무가 있지 않았던 때가 있지 않았던 때'가 있었다는 것이다.

俄而有無矣하니, 갑자기 유와 무가 되는데

而未知有無之果孰有孰無也라. 유와 무가 과연 무엇이 유이고 무엇이 무인지 알 수 없다.

今我則已有謂矣나,
금 아 즉 이 유 위 의

지금 나는 이미 일컬은 말이 있지만

而未知吾所謂之其果有謂乎와,
이 미 지 오 소 위 지 기 과 유 위 호

내가 말한 것이 과연 일컬은 말이 있는지

其果無謂乎라.
기 과 무 위 호

아니면 일컬은 말이 없는지 모르겠다.

| 단락 요지 | 옳고 그름〔시비(是非)〕과, 있고 없음〔유무(有無)〕이 고정된 기준이 있는 것이 아님을 강조하였다. 따라서 이런 것들을 말로 변론하다 보면 본질에 접근하기 어렵다는 뜻이다.
| 한자 풀이 | 類 무리 류·동류 류, 俄 갑자기 아

2. 제물론 27-16

天下莫大於秋豪[86]之末하고,
천 하 막 대 어 추 호 지 말

천하에는 추호(秋毫)의 끝보다 더 큰 것이 없고

而大山[87]爲小하며,
이 태 산 위 소

태산은 작으며,

莫壽於殤子[88]하고,
막 수 어 상 자

일찍 죽은 아이보다 장수한 이가 없고

---

86 호(豪) : 호(毫)와 통한다.
87 태산(大山) : 태산(泰山)과 통한다.

而彭祖爲夭라.
이 팽 조 위 요

팽조[89]는 요절한 것이다.[90]

天地與我竝生하고,
천 지 여 아 병 생

천지는 나와 함께 생겨났고,

而萬物與我爲一이라.
이 만 물 여 아 위 일

만물은 나와 하나이다.[91]

旣已爲一矣어늘,
기 이 위 일 의

이미 하나인데

且得有言乎아.
차 득 유 언 호

또 말이 있을 수 있는가.

旣已謂之一矣니,
기 이 위 지 일 의

이미 이것을 '하나'라고 일컬었으니

且得無言乎아.
차 득 무 언 호

또한 말이 없을 수 있겠는가.

一與言爲二하고,
일 여 언 위 이

하나인 것과 (하나라고 표현한)
말은 둘이 되고,

二與一爲三이라.
이 여 일 위 삼

이 둘과 하나(둘이라고 표현한 말)는
셋이 된다.

---

88 상자(殤子) : 20세 이전에 죽은 아이를 가리키는데, 19세에서 16세 사이에 죽은 아이를 장상(長殤), 15세에서 12세 사이에 죽은 아이를 중상(中殤), 11세에서 8세 사이에 죽은 아이를 하상(下殤), 7세 이하에 죽은 아이를 무복지상(無服之殤)이라고 한다.
89 팽조 : 『장자(莊子)·소요유(逍遙遊)』편 주 23 참조.
90 크고 작은 것(대소(大小))과 오래 살고 일찍 죽는 것(수요(壽夭))이 모두 상대적인 것이라, 관점에 따라 판단은 달라짐을 비유한 것이다.
91 모두 도(道)에서 나온 것이고, 도(道)의 입장에서 보면 같은 것이라는 설명이다.

自此以往이면,
자 차 이 왕

이로부터 계속해 나간다면

巧曆不能得이온,
교 력 불 능 득

계산을 잘하는 자라도 할 수 없는데

而況其凡乎아.
이 황 기 범 호

하물며 보통사람이겠는가.

故自無適有하여,
고 자 무 적 유

그러므로 무에서 유로 나아가

以至於三하니,
이 지 어 삼

셋에 이르니,

而況自有適有乎아.
이 황 자 유 적 유 호

하물며 유에서 유로 나아가는 경우이겠는가.[92]

無適焉이오,
무 적 언

나아가지 말고

因是已니라.
인 시 이

이〔도(道)〕를 따를 뿐이다.

| 단락 요지 | 대소(大小), 수요(壽夭) 등 제반 현상은 모두 상대적인 것이라서 차별할 근거가 없음을 깨닫는 것이 물아일체의 경지이다. 현상을 그대로 인정하고 포용하는 것이 도를 따르는 것이다.

| 한자 풀이 | 殤 일찍 죽을 상, 彭 땅 이름 팽 · 장수 팽 · 곁 방 · 많을 방, 夭 일찍 죽을 요 · 예쁠 요 · 어린애 오, 巧 공교할 교 · 예쁠 교, 曆 책력

---

[92] 만물이 다르다는 면에서 보면 모든 것이 다 달라 헤아릴 수 없다는 설명이다.

력 · 수력

2. 제물론 27-17

夫道未始有封하고, 도는 처음부터 경계가 없고,
부 도 미 시 유 봉

言未始有常한대, 말은 처음부터 한결같음이 없는데,
언 미 시 유 상

爲是而有畛也라. 이(헤아림) 때문에 경계가
위 시 이 유 진 야 있게 되었다.[93]

請言其畛이라. 시험 삼아 그 경계를 말해 보자.
청 언 기 진

有左有右하고, 왼쪽이 있고 오른쪽이 있으며,
유 좌 유 우

有倫有義하며, 이치가 있고 마땅함이 있으며,
유 륜 유 의

有分有辯하고, 나눔이 있고 구별이 있으며,
유 분 유 변

有競有爭[94]하니, 경쟁이 있고 다툼이 있으니,
유 경 유 쟁

---

93 경계가 없는 도를 한결같음이 없는 말로 헤아리려 하기 때문에, 경계가 생기게 됨을 말한 것이다.
94 곽상의 주에, "나란히 하여 좇는 것을 '경(競)'이라 하고, 마주하여 따지는 것을 '쟁(爭)'이라고 한다(竝逐曰競, 對辯曰爭)"라고 하였다.

此之謂八德⁹⁵이라. 차 지 위 팔 덕	이것을 여덟 가지 상황이라고 한다.
六合之外는, 육 합 지 외	육합(六合)의 밖은
聖人存而不論하고, 성 인 존 이 불 론	성인이 그대로 놔두고 말하지 않았고,⁹⁶
六合之內는, 육 합 지 내	육합의 안은
聖人論而不議라. 성 인 론 이 불 의	성인이 말하기는 하였지만 따지지 않았다.⁹⁷
春秋는, 춘 추	『춘추』는
經世先王之志로, 경 세 선 왕 지 지	세상을 다스리던 선왕의 기록인데
聖人議而不辯이라. 성 인 의 이 불 변	성인이 시비를 따졌지만 구별하지는 않았다.⁹⁸
故分也者는, 고 분 야 자	그러므로 나눈다는 것은

---

95 덕(德) : 득(得)의 뜻이다. 얻어진 형편, 즉 처해진 상황을 가리킨다.
96 육합(六合)은 천지(天地)와 사방(四方), 즉 유형계(有形界)를 가리킨다. 따라서 육합(六合)의 밖은 말로 설명할 수 없는 도(道)의 세계이다.
97 유형계(有形界)의 범위 내에 있는 것은 논의하였지만, 시비를 구별하지 않았다.
98 시비(是非)와 선악(善惡)을 따졌지만, 피아(彼我)를 구별하지 않았다.

| 有不分也하고, | 나누지 못하는 것이 있고, |
| 유불분야 | |

辯也者는,　　　　　　구별한다는 것은
변야자

有不辯也라.　　　　　구별하지 못하는 것이 있다.
유불변야

曰何也오.　　　　　　어째서인가.
왈하야

聖人懷之하나,　　　　성인은 이것을 가슴에 품지만
성인회지

衆人辯之하여,　　　　범인은 구별하여
중인변지

以相示也라.　　　　　상대에게 보인다.
이상시야

故曰辯也者는,　　　　그러므로 구별한다는 것은
고왈변야자

有不見也니라.　　　　보지 못하는 것이 있는 것이다.
유불견야

| 단락 요지 | 현상에 대해 나누고 가를수록 더욱 본질에서 멀어질 뿐임을 밝힌 것이다.

| 한자 풀이 | 封 봉할 봉 · 지경 봉, 畛 두둑 진 · 경계 진, 懷 품을 회

2. 제물론 27-18

夫大道不稱하고,
_{부 대 도 불 칭}

큰 도(道)는 일컬어지지 않고,

大辯不言하며,
_{대 변 불 언}

큰 변설(辨說)은 말하지 않으며,

大仁不仁하고,
_{대 인 불 인}

큰 사랑은 가까이 하지 않고,

大廉不嗛하며,
_{대 렴 불 겸}

큰 청렴(淸廉)은 겸손하지 않으며,[99]

大勇不忮니라.
_{대 용 불 기}

큰 용기(勇氣)는 (남을) 해치지 않는다.

道昭而不道하고,
_{도 소 이 부 도}

도는 밝히면 도가 되지 못하고,

言辯而不及하며,
_{언 변 이 불 급}

말은 구별하면 (본질에) 이르지 못하며,

仁常而不成하고,
_{인 상 이 불 성}

사랑은 고정되면 이루어지지 않고,

廉淸而不信하며,
_{염 청 이 불 신}

청렴은 맑게 드러내면 믿음 받지 못하며,

---

[99] 집착하는 사랑이나 의식적인 겸손이 아님을 말한 것이다.

勇忮而不成이라.
용 기 이 불 성

용기는 (남을) 해치면
이루어지지 않는다.

五者圓이나,
오 자 원

이 다섯 가지는 둥근 것인데

而幾向方矣라.
이 기 향 방 의

거의 네모로 향해 간다.[100]

故知止其所不知면,
고 지 지 기 소 부 지

그러므로 자신이 알지 못하는 것에
멈출 줄 안다면

至矣니라.
지 의

지극한 것이다.

孰知不言之辯과,
숙 지 불 언 지 변

누가 말하지 않는 변설과,

不道之道리오.
부 도 지 도

일컫지 않는 도를 알겠는가.

若有能知면,
약 유 능 지

만일 제대로 앎이 있게 된다면

此之謂天府니라.
차 지 위 천 부

이것을 일컬어 '자연의
곳집〔천부(天府)〕'이라고 한다.

注焉而不滿하고,
주 언 이 불 만

부어도 차지 않고

---

100 본질에서 벗어남을 가리킨다.

酌焉而不竭이어늘,
작 언 이 불 갈

퍼내도 마르지 않는데,

而不知其所由來하니,
이 부 지 기 소 유 래

그 말미암아 나오는 바를 알지 못하니

此之謂葆光이니라.
차 지 위 보 광

이것을 일컬어 '빛을 감추는 것 〔보광(葆光)〕**101**'이라고 한다.

| 단락 요지 | 자연의 이치〔도(道)〕는 작위하지 않음이고 그 덕은 무궁함을 설명한 것이다.

| 한자 풀이 | 廉 청렴할 렴, 嗛 겸손할 겸 · 모자랄 겸, 忮 해칠 기, 昭 밝을 소 밝힐 소, 府 곳집 부, 注 물댈 주, 酌 따를 작 · 퍼낼 작, 竭 다할 갈 · 마를 갈(渴과 통용), 葆 풀 더부룩이 날 보 · 감출 보

2. 제물론 27-19

故昔者堯問於舜曰이라.
고 석 자 요 문 어 순 왈

그러므로 옛날에 요임금이 순에게 물었다.

我欲伐宗 · 膾 · 胥敖어늘,
아 욕 벌 종   회   서 오

"나는 종 · 회 · 서오를 치고자 하는데

---

101 빛을 감추는 것〔보광(葆光)〕: 덕이 무궁하면서도 드러내지 않는 것이다.

南面而不釋然하니,
남면이불석연

천하를 다스리면서도
기쁘지 않으니,

其故何也오?
기고하야

그 까닭이 무엇일까?"

舜曰이라.
순왈

순이 대답하였다.

夫三子者는,
부삼자자

"저 세 군주들은

猶存乎蓬艾之間이어늘,
유존호봉애지간

아직도 쑥대 사이에서 살고 있는데,

若不釋然은,
약불석연

기쁘지 않으신 듯함은

何哉오?
하재

어째서입니까?

昔者十日竝出하여,
석자십일병출

옛날에 열 개의 해가 함께 나와

萬物皆照하니,
만물개조

만물을 모두 비췄는데,

而況德之進乎日者乎인저.
이황덕지진호일자호

하물며 덕은 해보다도
더 한 것입니다.

| 단락 요지 | 복종하지 않는 나라들을 열 개의 해보다 더 영향력이 있는 덕으로 감쌀 것을 강조하였다.

| 한자 풀이 | 膾 회 회, 胥 서로 서, 敖 놀 오, 釋 풀 석, 蓬 쑥 봉, 艾 쑥 애

2. 제물론 27-20

齧缺問乎王倪曰이라.
설 결 문 호 왕 예 왈

설결(齧缺)[102]이
왕예(王倪)에게 물었다.

子知物之所同是乎아?
자 지 물 지 소 동 시 호

"선생님은 만물이 함께 옳다고
여기는 것을 아십니까?"

曰이라.
왈

왕예가 대답하였다.

吾惡乎知之리오.
오 오 호 지 지

"내가 어찌 그것을 알겠는가."

子知子之所不知邪아?
자 지 자 지 소 부 지 야

"선생님은 선생님이 알지
못하는 것을 아십니까?"

曰이라.
왈

왕예가 대답하였다.

吾惡乎知之리오.
오 오 호 지 지

"내가 어찌 그것을 알겠는가."

然則物無知邪아?
연 즉 물 무 지 야

"그렇다면 만물은 앎이
없는 것입니까?"

曰이라.
왈

왕예가 대답하였다.

---

102 설결(齧缺) : 왕예(王倪)의 제자이다.

吾惡乎知之리오.
오 오 호 지 지

"내가 어찌 그것을 알겠는가.

雖然嘗試言之하노라.
수 연 상 시 언 지

하지만 시험 삼아 그것에 대해 말해 보자.

庸詎知吾所謂知之가,
용 거 지 오 소 위 지 지

어찌 내가 안다고 말하는 것이

非不知邪며,
비 부 지 야

알지 못하는 것이 아니라고 알겠으며,

庸詎知吾所謂不知之가,
용 거 지 오 소 위 부 지 지

어찌 내가 알지 못한다고 말하는 것이

非知邪아.
비 지 야

아는 것이 아니라고 알겠는가.

且吾嘗試問乎女하노라.
차 오 상 시 문 호 여

또 내가 시험 삼아 너에게 물어 보겠다.

民濕寢則腰疾偏死[103]나,
민 습 침 즉 요 질 편 사

사람이 습하게 자면 허리 병이 나서 한쪽이 못쓰게 되지만,

鰍然乎哉아.
추 연 호 재

미꾸라지도 그러한가.

木處則惴慄恂懼나,
목 처 즉 췌 률 순 구

나무에 있으면 무서워 떨게 되는데,

---

103 편사(偏死) : 한쪽을 못쓰게 되는 반신불수(半身不遂)를 가리킨다.

猨猴然乎哉아.
원 후 연 호 재

원숭이도 그러한가.

三者孰知正處오.
삼 자 숙 지 정 처

셋 가운데 어느 것이
올바른 거처를 아는가.

民食芻豢104하고,
민 식 추 환

사람은 고기를 먹고,

麋鹿食薦하며,
미 록 식 천

사슴은 풀을 먹으며,

蝍蛆甘帶105하고,
즉 저 감 대

지네는 뱀을 맛있어 하고,

鴟鴉嗜鼠라.
치 아 기 서

올빼미와 까마귀는 쥐를 좋아한다.

四者孰知正味오.
사 자 숙 지 정 미

넷 가운데 어느 것이
올바른 맛을 아는가.

猨猵狙以爲雌하고,
원 편 저 이 위 자

원숭이는 편저(猵狙)106로
짝을 삼고,

麋與鹿交하며,
미 여 록 교

순록은 사슴과 교미하며,

---

104 추환(芻豢) : '추(芻)'는 '꼴'이라는 뜻에서 소와 양 등의 초식동물, 또는 그 고기를 가리키고, '환(豢)'은 '기르다'라는 뜻에서 개와 돼지 등 곡식을 먹여 기르는 동물, 또는 그 고기를 가리킨다.
105 대(帶) : 띠처럼 가늘고 기다랗게 생긴 동물을 일컫는데, 그 중에서 특히 뱀을 가리킨다.
106 편저(猵狙) : 원숭이의 일종으로, 머리가 개와 비슷한 종류이다.

鰌與魚游라.
미꾸라지는 물고기와 함께 헤엄친다.

毛嬙麗姬는,
모장(毛嬙)과 여희(麗姬)[107]는

人之所美也나,
사람들이 아름답다고 하는
이들이지만

魚見之[108]深入하고,
물고기가 보고는 깊이 숨어들고,

鳥見之高飛하며,
새가 보고는 높이 날아오르며,

麋鹿見之決驟라.
순록과 사슴이 보고는
급히 달아난다.

四者孰知天下之正色哉오.
넷 가운데 어느 것이 천하의
올바른 미모를 아는가.

自我觀之컨대,
내 입장에서 보건대

仁義之端과,
인의의 단서와

是非之塗는,
시비의 길은

---

107 모장(毛嬙)과 여희(麗姬) : 고대(古代)의 뛰어난 미인들의 이름이다.
108 지(之) : 연사로, '이(而)'의 용법이다.

樊然殽亂하니, 어수선하게 섞여 있으니
번 연 효 란

吾惡能知其辯이리오. 내가 어떻게 그 구별을
오 오 능 지 기 변 알 수 있겠는가."

| 단락 요지 | 모든 인식(認識), 존재(存在), 현상(現像) 등이 상대적인 것임을, 구체적인 예를 들어 설명하면서 그 한계의 초월을 강조하고 있다.
| 한자 풀이 | 齧 물 설, 倪 끝 예, 庸 쓸 용·범상할 용·어찌 용, 詎 어찌 거, 寢 잘 침 방 침, 鰌 미꾸라지 추(鰍와 같은 자), 惴 두려워할 췌, 恂 미쁠 순·두려워할 순, 猨 원숭이 원(猿과 같은 자), 猴 원숭이 후, 蒭 꼴 추·풀 먹는 짐승 추, 豢 기를 환·가축 환, 麋 큰 사슴 미, 薦 추천할 천·풀 천, 蝍 지네 즉, 蛆 지네 저, 猵 수달 편·원숭이 편, 狙 원숭이 저, 嬙 궁녀 장, 驟 달릴 취, 樊 울 번·어수선할 번, 殽 섞일 효·어지러울 효

2. 제물론 27-21

齧缺曰이라. 설결이 물었다.
설 결 왈

子不知利害어니, "선생님께서는 이해(利害)를
자 부 지 이 해 알지 못하시는데,

則至人固不知利害乎아? 지인(至人)은 본디 이해를
즉 지 인 고 부 지 이 해 호 알지 못합니까?"

王倪曰이라.
왕 예 왈

왕예가 대답하였다.

至人神矣라.
지 인 신 의

"지인은 신묘하다.

大澤焚而不能熱하고,
대 택 분 이 불 능 열

큰 늪이 불타도 뜨겁게 할 수 없고,

河漢冱而不能寒하며,
하 한 호 이 불 능 한

황하와 한수가 얼어도
춥게 할 수 없으며,

疾雷破山하고,
질 뢰 파 산

빠른 우레가 산을 깨뜨리고,

飄風振海라도,
표 풍 진 해

거센 바람이 바다를 흔들어도

而不能驚이라.
이 불 능 경

놀라게 할 수 없다.

若然者는,
약 연 자

그와 같은 자는

乘雲氣하고,
승 운 기

구름을 타고

騎日月하여,
기 일 월

해와 달을 부리면서

而遊乎四海之外라.
이 유 호 사 해 지 외

사해 밖에서 노닌다.

死生無變於己어늘,
사 생 무 변 어 기

죽음과 삶이 자신에게
변화를 줌이 없는데

而況利害之端乎아.
이 황 이 해 지 단 호

하물며 이해 같은
말단적인 것이겠는가."

| 단락 요지 | 도에 이른 지인(至人)의 초월적 경지를 제시하였다.
| 한자 풀이 | 焚 탈 분·태울 분·넘어질 분, 沍 닫을 호·얼 호, 飄 회오리바람 표·질풍 표, 振 떨칠 진·움직일 진, 騎 말 탈 기·기마 기·기병 기

2. 제물론 27-22

瞿鵲子問乎長梧子曰이라.
구 작 자 문 호 장 오 자 왈

구작자(瞿鵲子)[109]가 장오자에게 물었다.

吾聞諸夫子호니,
오 문 저 부 자

"제가 공자께 들었는데,

聖人不從事於務하여,
성 인 부 종 사 어 무

성인은 세무(世務)를 일삼지 않아,

不就利하고,
불 취 리

이익을 따르지 않고,

不違害하며,
불 위 해

해를 피하지 않으며,[110]

---

[109] 구작자(瞿鵲子) : 장오자(長梧子)의 제자이다.
[110] 이해를 초월한 경지이다.

不喜求하고,
불 희 구

부름 받는 것을 기뻐하지 않고,

不緣道하며,
불 연 도

도를 따른다고 하지 않으며,

無謂有謂하고,
무 위 유 위

말하지 않으면서도
말하는 바가 있고[111]

有謂無謂하여,
유 위 무 위

말을 하면서도 말하는 바가 없어[112]

而遊乎塵垢之外에,
이 유 호 진 구 지 외

진세(塵世)의 밖에서 노닌다는 말에,

夫子以爲孟浪之言이나,
부 자 이 위 맹 랑 지 언

공자는 그것을 근거 없는
말이라고 하셨습니다만,

而我以爲妙道之行이라.
이 아 이 위 묘 도 지 행

저는 오묘한 도의 길이라고
생각됩니다.

吾子以爲奚若이니잇고?
오 자 이 위 해 약

선생님께서는 어떻다고
생각하십니까?"

長梧子曰이라.
장 오 자 왈

장오자가 대답하였다.

---

[111] 노자가 말한, '말없는 가르침(不言之敎)'이다(『노자』 제2장).
[112] 언어(言語)를 초월한 경지이다.

是黃帝之所聽熒也어늘,
시 황 제 지 소 청 형 야

"이는 황제도 듣고
의혹되었던 것인데,

而丘也何足以知之리오.
이 구 야 하 족 이 지 지

공자가 어떻게 이것을
알 수 있겠는가.

且汝亦大早計니,
차 여 역 대 조 계

또 그대 역시 너무 앞서
헤아리고 있으니,

見卵而求時夜하고,
견 란 이 구 시 야

달걀을 보고서 밤을
알리기를 구하고

見彈而求鴞炙라.
견 탄 이 구 효 자

탄환을 보고서 올빼미 구이를
구하는 것이다.[113]

予嘗爲女妄言之리니,
여 상 위 여 망 언 지

내가 한 번 그대에게 대강
말해 보리니,

女以妄聽之하라.
여 이 망 청 지

그대도 대강 들어 보아라.[114]

奚오.
해

어떤가.

---

113 지인(至人)의 경지는 공자는 물론 황제도 쉽게 알 수 없는 것인데, 구작자가 듣고 바로 '오묘한 도의 길(妙道之行)'이라고 한 것에 대한 비평이다.
114 말(언(言))이라는 것의 한계 때문에, '대강(망(妄))'이라고 한 것이다.

旁日月하고,
방 일 월

일월을 따르고

挾宇宙하여,
협 우 주

우주를 옆에 끼고서

爲[115]其脗合하고,
위   기 문 합

만물과 일치됨을 추구하고

置其滑湣하여,
치 기 골 혼

혼란한 상태로 내버려둔 채

以隷相尊이라.
이 례 상 존

종도 서로 높인다.[116]

衆人役役이나,
중 인 역 역

뭇사람은 일에 고달프지만

聖人愚芚하여,
성 인 우 둔

성인은 우둔하여,

參萬歲而一成純이라.
참 만 세 이 일 성 순

만년에 걸쳐 한결같이
순수함을 이룬다.

萬物盡然하니,
만 물 진 연

만물이 모두 그러하니

而以是相蘊이라.
이 이 시 상 온

(성인은) 이것(순수함)으로
쌓아 나간다.

---

115 위(爲) : '구(求)'와 통한다.
116 귀천을 초월한 경지이다.

| 단락 요지 | 유가(儒家)에서 높이는 공자(孔子)도 알 수 없는, 지인(至人)의 경지를 설명한 것이다.

| 한자 풀이 | 瞿 놀랄 구·두려워할 구, 緣 가선 연·따를 연, 垢 때 구·더러울 구, 熒 등불 형·빛날 형·현혹할 형, 鵙 올빼미 효, 炙 구이 자, 旁 곁 방·기댈 방, 挾 낄 협·돌 협, 脗 입술 문(吻과 같은 자), 滑 흐릴 골, 潛 흐릴 혼, 隸 종 례·죄인 례, 芚 싹 나올 둔·어리석을 둔, 蘊 쌓을 온

2. 제물론 27-23

予惡乎知說生之非惑邪며,   나는 어찌 삶을 좋아하는 것이
여 오 호 지 열 생 지 비 혹 야   '미혹'이 아니라고 알겠으며,

予惡乎知惡死之非弱喪而不知歸者邪아.   나는 어찌 죽음을
여 오 호 지 오 사 지 비 약 상 이 부 지 귀 자 야   싫어하는 것이 어려서
        고향을 잃고 돌아갈 줄을
        모르는 자가 아니라고 알겠는가.[117]

麗之姬는,   여희(麗姬)[118]는
여 지 희

艾封人之子也라.   애(艾) 지방 국경 관리인의
애 봉 인 지 자 야   딸이었다.

---

117 죽음을 원래 왔던 곳(고향)으로 돌아가는 것으로 보는 장자의 생사관(生死觀)이다.
118 여희(麗姬) : 진(晉) 헌공(獻公)이 곽(虢)을 치고 얻은 미인이다.

晉國之始得之也에,
진국지시득지야

진(晉)나라가 처음에 그녀를 데려왔을 때에는

涕泣沾襟이나,
체읍첨금

눈물을 흘리면서 옷깃을 적셨지만,

及其至於王所하여,
급기지어왕소

그녀가 왕의 처소에 이르러

與王同筐牀하고,
여왕동광상

왕과 침상을 함께하고

食芻豢而後엔,
식추환이후

고기를 먹게 된 이후로는,

悔其泣也라.
회기읍야

자신이 울었던 것을 뉘우쳤다.[119]

予惡乎知夫死者가,
여오호지부사자

나는 어찌 죽은 자가,

不悔其始之蘄生乎아.
불회기시지기생호

그들이 전에 삶을 바랐던 것을 뉘우치지 않으리라고 알겠는가.

| 단락 요지 | 여희(麗姬)의 비유를 들어, 생사(生死)에 집착하는 자들의 어리석음을 지적하면서 삶과 죽음에 대한 제물(齊物)의 경지를 제시하고 있다.

| 한자 풀이 | 說 말씀 설 · 달랠 세 · 기뻐할 열 · 좋아할 열, 艾 쑥 애, 涕

---

[119] 죽은 뒤에 삶에 집착했던 것을 후회할 수도 있음을 말해 주는 이 비유는, 삶에 집착하고 죽음을 두려워하는 일반인의 어리석음을 깨우치기 위한 것이다.

눈물 체 · 울 체, 沾 젖을 첨 · 적실 첨, 襟 옷깃 금, 筐 광주리 광 · 침상 광, 䩭 재갈 기 · 바랄 기

2. 제물론 27-24

夢飮酒者가,
몽 음 주 자

꿈에 술을 마시던 자가

旦而哭泣하고,
단 이 곡 읍

아침이 되어 소리 내어 울기도 하고,

夢哭泣者가,
몽 곡 읍 자

꿈에 소리 내어 울던 자가

旦而田獵이라.
단 이 전 렵

아침이 되어 사냥을 나가기도 한다.

方其夢也엔,
방 기 몽 야

한참 그가 꿈을 꿀 때에는,

不知其夢也하고,
부 지 기 몽 야

그것이 꿈인지 모르고,

夢之中又占其夢焉이라가,
몽 지 중 우 점 기 몽 언

꿈속에서 또 그 꿈을
해몽하기도 하다가

覺而後知其夢也라.
교 이 후 지 기 몽 야

깨고 나서야 그것이
꿈이었음을 안다.

且有大覺而後에,
차 유 대 교 이 후

또 큰 깨어남이 있고 난 뒤에야

知此其大夢也어늘,
지 차 기 대 몽 야

이것은 그가 크게 꿈꾼 것임을 아는데

而愚者自以爲覺하여,
이 우 자 자 이 위 교

어리석은 자들은 스스로 깨어 있다고 여겨

竊竊然[120]知之하여.
절 절 연   지 지

으스대며 아는 체하여,

君乎牧乎하니,
군 호 목 호

군주니 목동이니 하니,[121]

固哉라.
고 재

고루하도다.

丘也與女도,
구 야 여 여

공자도 그대도

皆夢也라.
개 몽 야

모두 꿈을 꾸고 있는 것이다.

予謂女夢도,
여 위 여 몽

내가 그대에게 꿈에 대해 말하는 것도

亦夢也라.
역 몽 야

또한 꿈이다.[122]

是其言也니,
시 기 언 야

이것이 그런 말이니

---

[120] 절절연(竊竊然) : 작은 재주를 자랑하는 모습이다.
[121] 귀천을 구분하는 것을 가리킨다.
[122] 현상이 꿈임을 깨달은 자의 단정이다.

| 其名爲弔詭라.
| 기 명 위 적 궤

그 이름을 '지극히 이상한 것 〔적궤(弔詭)〕'이라고 한다.[123]

| 萬世之後에,
| 만 세 지 후

만대(萬代)의 뒤에라도,

| 而一遇大聖하여,
| 이 일 우 대 성

한 번 대성인을 만나

| 知其解者[124]면,
| 지 기 해 자

그 풀이를 알게 된다면,

| 是旦暮遇之也라.
| 시 단 모 우 지 야

이는 아침저녁으로 만난 것이다.[125]

| 단락 요지 | 삶 가운데의 현상은 참이 아닐 수도 있으니, 그것에 집착하는 어리석음에서 벗어날 것을 강조한 내용이다. 꿈에 대한 이야기는 삶과 죽음의 문제를 비유한 것이다. 뒤에 보이는 호접몽(胡蝶夢)의 내용과 일맥상통하는 주제로, 앞 단락과 마찬가지로 삶과 죽음에서의 초월을 통한 제물(齊物)을 깨우치기 위한 것이다.

| 한자 풀이 | 旦 아침 단, 獵 사냥할 렵, 竊 훔칠 절·명백히 할 절, 牧 목장 목·마소 치는 사람 목, 覺 깨달을 각·잠깰 교, 弔 조문할 조·이를 적, 詭 속일 궤

---

123 '적(弔)'은 '지(至)'의 뜻이다. 보통 사람들은 지극히 이상한 것〔적궤(弔詭)〕이라고 하면서 이해하지 못한다는 뜻이다.
124 자(者)는 가정의 연사로, '즉(則)'의 기능이다.
125 성인을 만나 이런 도리를 알게 된다면 만대(萬代)도 하루로 여길 만큼 짧은 시간이 되는 것으로, 그 이치를 아는 사람을 만나기가 쉽지 않음을 강조한 표현이다.

2. 제물론 27-25

既使我與若辯矣한대,
기 사 아 여 약 변 의

가령 내가 그대와 논쟁을
하게 되었는데,

若勝我하고,
약 승 아

그대가 나를 이기고

我不若勝이면,
아 불 약 승

내가 그대를 이기지 못했다면,

若果是也오,
약 과 시 야

그대가 과연 옳고

我果非也邪아.
아 과 비 야 야

내가 과연 그른 것인가.

我勝若하고,
아 승 약

내가 그대를 이기고,

若不吾勝이면,
약 불 오 승

그대가 나를 이기지 못했다면,

我果是也오,
아 과 시 야

내가 과연 옳고

而果非也邪아.
이 과 비 야 야

그대가 과연 그른 것인가.

其或是也오,
기 혹 시 야

아니면 어느 쪽은 옳고

其或非也邪아.
기 혹 비 야 야

아니면 어느 쪽은 그른 것인가.

其俱是也어나,
기 구 시 야

아니면 둘 다 옳거나

其俱非也邪아.
기 구 비 야 야

아니면 둘 다 그른 것인가.

我與若不能相知也니,
아 여 약 불 능 상 지 야

나와 그대가 서로 알지 못하니,

則人固受其黮闇이라.
즉 인 고 수 기 담 암

남들도 당연히 무지(無知)를
받아들일 것이다.[126]

吾誰使正之리오.
오 수 사 정 지

나는 누구에게 그것을
바로잡게 할 것인가.

使同乎若者正之면,
사 동 호 약 자 정 지

그대와 같은 생각인 자에게 그것을
바로잡게 한다면,

旣與若同矣니,
기 여 약 동 의

이미 그대와 같으니

惡能正之리오.
오 능 정 지

어찌 제대로 그것을
바로잡을 수 있겠는가.

使同乎我者正之면,
사 동 호 아 자 정 지

나와 같은 생각인 자에게 그것을
바로잡게 한다면

---

[126] 남들은 더더욱 모를 것이니 모름을 인정할 것이라는 뜻이다.

| 旣同乎我矣니, | 이미 나와 같으니 |

| 惡能正之리오. | 어찌 제대로 그것을 바로잡을 수 있겠는가. |

| 使異乎我與若者正之면, | 나와도 그대와도 다른 생각인 자에게 그것을 바로잡게 한다면 |

| 旣異乎我與若矣니, | 이미 나와도 그대와도 다르니 |

| 惡能正之리오. | 어찌 제대로 그것을 바로잡을 수 있겠는가. |

| 使同乎我與若者正之면, | 나와도 그대와도 같은 생각인 자에게 그것을 바로잡게 한다면 |

| 旣同乎我與若矣니, | 이미 나와도 그대와도 같으니 |

| 惡能正之리오. | 어찌 제대로 그것을 바로잡겠는가. |

| 然則我與若與人이, | 그렇다면 나나 그대나 다른 사람이 |

| 俱不能相知也어늘, | 모두가 서로 알 수 없는데 |

| 而待彼也邪아. | 그 사람을 필요로 하겠는가. |

化聲之相待론,
화 성 지 상 대

변화무쌍한 소리를 상대하는 것은

若其不相待니,
약 기 불 상 대

상대하지 않는 것이 나으니,

和之以天倪하고,
화 지 이 천 예

그것을 '자연의 분수
〔천예(天倪)〕'로 조화시키고

因之以曼衍이,
인 지 이 만 연

그것을 '무궁한 변화
〔만연(曼衍)〕'에 맡겨 두는 것이

所以窮年也라.[127]
소 이 궁 년 야

천수를 다하는 방법이다.

何謂和之以天倪아.
하 위 화 지 이 천 예

"그것을 '자연의 분수
〔천예(天倪)〕'로 조화시킨다"는
것은 무엇을 말하는 것인가.

曰是不是와,
왈 시 불 시

말하자면 옳음과 옳지 않음,

然不然에,
연 불 연

그러함과 그러하지 않음에 있어,

是若果是也면,
시 약 과 시 야

옳음이 만약 참으로 옳은 것이면

---

[127] '化聲'으로부터 '窮年也'까지의 다섯 구절은 곽경번의 『장자집석』에는 다음에 나오는 '忘年忘義'의 앞에 있는데, 여혜경(呂惠卿), 왕숙민(王叔岷) 등의 고증을 따라 바로잡았다(진고응, 앞의 책, p.99).

| 則是之異乎不是也는,
즉 시 지 이 호 불 시 야 | 옳음이 옳지 않음과 다르겠지만 |

| 亦無辯이오,
역 무 변 | 또한 구분할 것이 없고 |

| 然若果然也면,
연 약 과 연 야 | 그러함이 만약 참으로 그러하다면 |

| 則然之異乎不然也는,
즉 연 지 이 호 불 연 야 | 그러함이 그러하지 않음과 다르겠지만 |

| 亦無辯이라.
역 무 변 | 또한 구분할 것이 없다. |

| 忘年忘義하여,
망 년 망 의 | 나이를 잊고 옳음을 잊어[128] |

| 振於無竟이니,
진 어 무 경 | 무한한 경지에 뻗어 나가니, |

| 故寓諸無竟이라.
고 우 저 무 경 | 그러므로 이것을 무한한 경지에 맡기는 것이다." |

|단락 요지| 옳고 그름을 따지는 어리석음을 지적하였고, 그것에서 벗어날 것(무의미한 따짐을 잊을 것)을 강조하였다. 시비(是非)의 제일(齊一), 즉 제론(齊論)을 가르친 것이다.

|한자 풀이| 黮 검을 담·어두울 담, 闇 어두울 암, 倪 끝 예, 曼 길 만, 衍 넘칠 연, 振 떨칠 진

---

[128] 나이는 생사(生死)의 문제이고 옳음은 시비(是非)의 문제로, '잊음[망(忘)]'은 이러한 상대적인 가치를 초월하는 것이다.

2. 제물론 27-26

罔兩問景曰이라.
망 량 문 영 왈

망량(罔兩)[129]이
영(景 : 그림자)에게 물었다.

曩子行이러니,
낭 자 행

"아까 그대는 걷더니

今子止하고,
금 자 지

지금 그대는 멈췄고,

曩子坐러니,
낭 자 좌

아까 그대는 앉아 있더니

今子起하니,
금 자 기

지금 그대는 서 있는데,

何其無特操與아?
하 기 무 특 조 여

어쩌면 그렇게 독자적인
지조가 없소?"

景曰이라.
영 왈

그림자가 대답하였다.

吾有待而然者邪아?
오 유 대 이 연 자 야

"나는 의지하는 대상이 있어서
그러는 것인가?[130]

---

129 망량(罔兩) : 그림자에서 생기는 희미한 곁 그림자로, 그림자를 따라서 생기는 그림자이다.
130 그림자도 자체적인 원리, 즉 자연의 이치가 있어 독자적인 변화(독화(獨化))를 함을 내세운 것이다.

| 吾所待도,
  _{오 소 대} | 내가 의지하는 대상도 |

| 又有待而然者邪아?
  _{우 유 대 이 연 자 야} | 또 의지하는 대상이 있어서 그러는 것인가?[131] |

| 吾待蛇蚹蜩翼邪아?
  _{오 대 사 부 조 익 야} | 나는 뱀의 비늘이나 매미의 날개에 의지하는가? |

| 惡識所以然이며,
  _{오 식 소 이 연} | 어떻게 그러한 바를 알겠으며, |

| 惡識所以不然이리오.
  _{오 식 소 이 불 연} | 또 어떻게 그러하지 않은 바를 알겠는가." |

| 단락 요지 | 그림자에서 생긴 곁그림자인 망량(罔兩)이 본그림자에게 줏대가 없다고 비판하는 것을 통하여, 사람들이 상대를 비난하는 불합리성을 지적하고 있다.

| 한자 풀이 | 罔 그물 망·없을 망·속일 망·어두울 망, 景 볕 경·그림자 영, 蠰 접때 낭, 蚹 배 비늘 부, 蜩 매미 조

2. 제물론 27-27

| 昔者莊周夢爲胡蝶이러니,
  _{석 자 장 주 몽 위 호 접} | 전에 장주가 꿈에 나비가 되었는데, |

---

[131] 본체(本體)도 당연히 자체적인 원리가 있음을 말한 것이다.

栩栩然¹³²胡蝶也라.
허 허 연   호 접 야

기분 좋게 날아다니는 나비였다.

自喩適志與하여,
자 유 적 지 여

스스로 즐겁게 마음에 맞아,

不知周也라.
부 지 주 야

(자신이) 장주임을 알지 못하였다.

俄然覺하니,
아 연 교

갑자기 잠을 깨니

則蘧蘧然¹³³周也라.
즉 거 거 연   주 야

분명한 장주였다.

不知周之夢爲胡蝶與아,
부 지 주 지 몽 위 호 접 여

장주가 꿈에 나비가 되었었는지

胡蝶之夢爲周與아.
호 접 지 몽 위 주 여

나비가 꿈에 장주가 되어 있는지
알 수가 없었다.

周與胡蝶은,
주 여 호 접

장주와 나비는

則必有分矣라.
즉 필 유 분 의

반드시 구분이 있다.¹³⁴

此之謂物化라.
차 지 위 물 화

이것을 일러 '만물의 변화
[물화(物化)¹³⁵]'라고 한다.

---

132 허허연(栩栩然) : 기뻐하는 모습이다.
133 거거연(蘧蘧然) : 분명한 모습이다.
134 현상에서는 분명한 구분이 있지만 현실과 꿈에서 변화가 있듯이 삶과 죽음에서도 변화가 있음을 암시한 것이다. 이것이 다음 구절에서 말한 '만물의 변화[물화(物化)]'이다.
135 물화(物化) : 만물의 변화로, 현상의 국한성을 초월함으로써 알 수 있는 것이다.

| 단락 요지 | 현상의 장주는 본래 나비일 수도 있다. 현상에 대한 집착에서 벗어나야 본질을 깨닫게 되고, 상대와 나의 구분을 초월할 수 있다. 나라는 존재는 나비가 꾸는 꿈속의 장자일 수도 있음을 자각함으로써[죽지 않은 상태로 깨닫는 '대각(大覺)'이라고 하겠다], 또한 현상을 초월할 수 있다. 이것이 바로 물화(物化)를 깨닫는 것이다. 이 변화의 본질을 알아야 피아(彼我)의 구분을 초월하여 제물(齊物)하게 되고 물아일체의 경지에 이를 수 있다.

| 한자 풀이 | 蝶 나비 접, 栩 상수리나무 허 · 기뻐할 허, 喩 깨우칠 유 · 비유할 유 · 좋아할 유, 蘧 패랭이꽃 거 · 놀랄 거

3. 생명을 가꾸는 근본
〔양생주(養生主)〕

「양생주(養生主)」에서 장자는 생명을 가꾸는 방법인 양생(養生)의 비결을 말하고 있다. 여기서 말하는 생명은 육체와 정신을 포괄하는 개념이다. 양생의 비결은 자연의 결에 따르는 것〔순응자연〕이고, 그 구체적인 비유가 '포정해우(庖丁解牛)'이다. 포정(庖丁)은 소를 잡을 때, 자연의 결〔천리(天理)〕에 따라 칼을 놀리기 때문에 칼에 무리가 가지 않는다. 이는 삶에 있어서 갈등과 모순을 일으키지 않음을 비유한 것으로, 자연의 한 흐름인 생사(生死)에 초연해질 수 있는 이치이다.

요약하면, 「양생주」는 장자 사상의 핵심인 순응자연을 생명을 가꾸는 방법을 통하여 묘사한 글이라고 하겠다.

3. 양생주 6-1

吾生也有涯나,
오 생 야 유 애

나의 삶은 끝이 있는데,

而知也無涯라.
이 지 야 무 애

지식은 끝이 없다.[1]

以有涯隨無涯하니,
이 유 애 수 무 애

끝이 있는 것으로
끝이 없는 것을 따르니

殆已라.
태 이

위태로울 뿐이다.

已而爲知者[2]면,
이 이 위 지 자

이미 그런데도 지식을 추구한다면

殆而已矣라.
태 이 이 의

위태롭게 될 뿐이다.

爲善無近名하고,
위 선 무 근 명

좋은 일을 하더라도 명성에
가깝게 하지 말고,

爲惡無近刑하라.
위 악 무 근 형

나쁜 일을 하더라도 형벌에
가깝게 하지 마라.

緣督[3]以爲經하면,
연 독 이 위 경

중도(中道)를 따르는 것으로
법을 삼으면

---

1 '지(知)'는 지식을 포함한, 생각, 욕망 등, 사람의 인식 작용을 가리킨다.
2 자(者) : 조건의 연사로, '즉(則)'과 통한다.

可以保身하고, 몸을 보존할 수 있고,
가 이 보 신

可以全生하며, 생명을 온전히 할 수 있으며,
가 이 전 생

可以養親하고, 어버이를 섬길 수 있고,
가 이 양 친

可以盡年이라. 천수를 다할 수 있다.
가 이 진 년

| 단락 요지 | 생명을 잘 가꾸는 비결은 지식, 성취 등에 대한 끝없는 욕망과 분별심을 그치는 데에 있다.

| 한자 풀이 | 涯 물가 애 · 끝 애, 緣 가장자리 연 · 따를 연, 督 살필 독 · 가운데 독

3. 양생주 6-2

庖丁爲文惠君解牛한대, 포정(庖丁)[4]이 문혜군(文惠君)[5]을 위해 소를 잡는데,
포 정 위 문 혜 군 해 우

手之所觸과, 손이 닿는 곳과,
수 지 소 촉

---

3 독(督) : 중도(中道), 중용(中庸)의 뜻이다.
4 포정(庖丁) : 소를 잡는 사람이다.
5 문혜군(文惠君) : 위(魏)나라 양혜왕(梁惠王)을 가리킨다.

肩之所倚와, _{견 지 소 의}	어깨가 기대는 곳과,
足之所履와, _{족 지 소 리}	발이 밟는 곳과,
膝之所踦가, _{슬 지 소 기}	무릎이 대는 곳이
砉然嚮然하여, _{획 연 향 연}	획 소리가 나고 울리면서,
奏刀騞然한대, _{주 도 획 연}	칼을 놀리는 것이 획획 하는데,
莫不中音하니, _{막 불 중 음}	음악에 맞지 않는 것이 없으니,
合於桑林之舞하고, _{합 어 상 림 지 무}	상림(桑林)⁶의 춤과 합치하고
乃中經首之會⁷라. _{내 중 경 수 지 회}	경수(經首)⁸의 가락에 맞았다.

| 단락 요지 | 포정(庖丁)이 신기(神技)의 경지로 소를 잡는 비유를 들어, 양생의 핵심인 순응자연의 이치를 설명하기 위한 도입부이다.

| 한자 풀이 | 庖 부엌 포·요리인 포, 倚 기댈 의·믿을 의, 履 신 리·밟을 리, 踦 절름발이 기·발 기·닿을 기, 砉 뼈 바르는 소리 획, 騞 칼 쓰는 소리 획, 嚮 울릴 향·메아리 향〔響과 같은 자〕

---

6 상림(桑林) : 탕임금 때의 악곡(樂曲) 이름이다.
7 회(會) : 음악의 운율(韻律), 가락을 가리킨다.
8 경수(經首) : 요임금 때의 악곡(樂曲) 이름이다.

3. 양생주 6-3

文惠君曰이라.
문혜군왈

문혜군이 말하였다.

譆라.
희

"아!

善哉라.
선재

훌륭하도다.

技蓋至此乎아?
기개지차호

기술이 어떻게 이 경지에까지
이르렀는가?"

庖丁釋刀對曰이라.
포정석도대왈

포정이 칼을 놓고 대답하였다.

臣之所好者는,
신지소호자

"제가 좋아하는 것은

道也로,
도야

도(道)로서,

進乎技矣니이다.
진호기의

기술보다 앞서는 것입니다.

始臣之解牛之時에,
시신지해우지시

처음에 제가 소를 잡을 때,

所見無非全牛者라.
소견무비전우자

보이는 것은 소의
전체 모습뿐이었습니다.

三年之後에,
삼년지후

3년 뒤에는

| 未嘗見全牛也라. | 아예 소의 전체 모습이 |
| 미 상 견 전 우 야 | 보이지 않았습니다. |

方今之時엔, — 지금에는
방 금 지 시

臣以神遇요, — 저는 정신으로 대할 뿐
신 이 신 우

而不以目視니이다. — 눈으로 보지 않습니다.
이 불 이 목 시

官知止하고, — 감각 기관의 기능이 멈추고
관 지 지

而神欲行이라. — 정신의 작용이 움직입니다.
이 신 욕 행

依乎天理하여, — 천연의 결에 따라
의 호 천 리

批大卻하고, — 큰 틈을 밀치고
비 대 각

導大窾하여, — 큰 공간에 (칼을) 넣으니
도 대 관

因其固然이니이다. — 그것의 원래 상태를 따릅니다.
인 기 고 연

技經肯綮[9]之未嘗[10]이어늘, — 기술을 아직 뼈와 살이 붙은 곳에
기 경 긍 경 지 미 상 — 써 본 적이 없는데,

---

[9] 긍경(肯綮) : 뼈와 살이 붙은 곳을 가리킨다.
[10] 풀이에 여러 설이 있는 구절인데, 역자는 "技未嘗經肯綮"의 도치로 보았다. '技'는 주제

而況大軱乎아. 이 황 대 고 호	하물며 큰 뼈이겠습니까.
良庖歲更刀하니, 양 포 세 갱 도	훌륭한 백정은 해마다 칼을 바꾸는데,
割也오, 할 야	가르는 것이고,
族[11]庖月更刀하니, 족 포 월 갱 도	보통의 백정은 달마다 칼을 바꾸는데,
折也라. 절 야	끊는 것입니다.
今臣之刀는, 금 신 지 도	지금 저의 칼은
十九年矣오, 십 구 년 의	19년이 되었고
所解數千牛矣나, 소 해 수 천 우 의	잡은 소는 수천 마리가 되지만,
而刀刃若新發於硎이니이다. 이 도 인 약 신 발 어 형	칼날은 방금 숫돌에서 나온 듯합니다.
彼節者有閒하고, 피 절 자 유 간	소의 마디라는 것은 틈이 있고

어이고 포정이 주어인데 생략되었다. '훨'은 '시도하다'의 뜻으로, "긍경을 지나다(經肯綮)"를 목적절로 갖는 본동사이다.
11 족(族) : '중(衆)'의 뜻이다.

而刀刃者無厚라.
이 도 인 자 무 후

칼날이라는 것은 두께가 없습니다.

以無厚入有閒하니,
이 무 후 입 유 간

두께가 없는 것을 틈이
있는 곳에 넣으니

恢恢乎其於遊刃에,
회 회 호 기 어 유 인

넓어서 칼날을 놀리는 데에

必有餘地矣라.
필 유 여 지 의

반드시 여유가 있습니다.

是以十九年에,
시 이 십 구 년

이 때문에 19년이 되었어도

而刀刃若新發於硎이라.
이 도 인 약 신 발 어 형

칼날은 마치 방금 숫돌에서
나온 듯합니다.

雖然이나,
수 연

그렇지만

每至於族이면,
매 지 어 족

매번 (뼈와 힘줄이)
모여 있는 곳에 이르면

吾見其難爲하여,
오 견 기 난 위

저는 그것이 다루기 어려움을 알고

怵然[12]爲戒니이다.
출 연   위 계

마음 졸이며 조심합니다.

---

12 출연(怵然) : 놀라 경계하고 두려워하는 모습이다.

視爲止하고,
_{시 위 지}

行爲遲하며,
_{행 위 지}

動刀甚微에,
_{동 도 심 미}

謋然已解하여,
_{획 연 이 해}

如土委地라.
_{여 토 위 지}

提刀而立하여,
_{제 도 이 립}

爲之[13]四顧하고,
_{위 지 사 고}

爲之躊躇滿志라가,
_{위 지 주 저 만 지}

善刀而藏之니이다.
_{선 도 이 장 지}

文惠君曰이라.
_{문 혜 군 왈}

善哉라.
_{선 재}

시선은 그 때문에 고정되고

움직임은 그 때문에 느려지며,

칼놀림은 몹시 미세해지면서,

획하고 갈라져

흙덩이가 땅에 쌓이듯 합니다.

칼을 들고 일어서서는

그로 인해 사방을 둘러보고

그로 인해 어슬렁거리며
흐뭇해하다가

칼을 잘 손질해서 보관합니다."

문혜군이 말하였다.

"훌륭하구나.

---

13 위지(爲之) : '爲'는 원인, 이유를 나타내는 개사이고, '之'는 소를 결에 따라 제대로 분해한 것을 가리킨다.

| 吾聞庖丁之言하고,
  오 문 포 정 지 언 | 나는 포정의 말을 듣고 |

| 得養生焉이로다."
  득 양 생 언 | 양생(養生)의 이치를 터득하였다." |

| 단락 요지 | 포정이 소를 잡을 때 칼을 쓰는 이치를 가지고, 생명을 가꾸는 도리를 비유하여 설명하였다.

| 한자 풀이 | 譆 아아 희(감탄사), 蓋 덮을 개·대개 개·어찌 개, 釋 풀 석·놓을 석, 批 칠 비·밀칠 비, 卻 물리칠 각·틈 각, 竅 빈 관, 肯 즐기어 할 긍·뼈에 붙은 살 긍, 綮 창집 계·힘줄 붙은 곳 경, 軱 큰 뼈 고, 割 가를 할, 族 무리 족·떼질 족, 折 끊을 절, 硎 숫돌 형, 閒 틈 한·한가할 한·사이 간(間의 본자), 厚 두터울 후·두께 후, 恢 넓을 회·넓힐 회, 委 맡길 위·쌓을 위·쌓일 위, 躊 머뭇거릴 주, 躇 머뭇거릴 저·밟을 저, 怵 두려워할 출, 謋 재빠를 획·뼈 발라내는 소리 획

3. 양생주 6-4

| 公文軒見右師하고,
  공 문 헌 견 우 사 | 공문헌(公文軒)[14]이
우사(右師)[15]를 보고 |

| 而驚曰이라.
  이 경 왈 | 놀라서 물었다. |

---

14 공문헌(公文軒) : 송나라 사람으로, 공문(公文)이 성(姓)이고 헌(軒)이 이름이다.
15 우사(右師) : 선진(先秦) 시기의 관직(官職) 이름이다.

是何人也오?
시 하 인 야

"이게 누구인가?

惡乎介¹⁶也오?
오 호 개 야

어째서 외발이 되었는가?

天與아,
천 여

자연으로 된 것인가,

其¹⁷人與아?
기 인 여

아니면 인위적인 것인가?"

曰이라.
왈

(우사가) 말하였다.

天也오,
천 야

"자연으로 된 것이지,

非人也라.
비 인 야

인위적인 것이 아닙니다.

天之生是使獨也니,
천 지 생 시 사 독 야

하늘이 나를 낸 것이
외발이 되게 한 것이니,

人之貌有與也라.
인 지 모 유 여 야

사람의 모양은 (하늘이)
부여해 준 것입니다.

以是知其天也오,
이 시 지 기 천 야

이 때문에, 자연으로 된 것이지

---

16 개(介) : '獨'의 뜻으로, 짝이 없는 것을 가리킨다. 여기서는 외발이 된 사람이다.
17 기(其) : 억(抑)과 같이 반어사의 기능을 한다.

| 非人也니라.
  비 인 야 | 인위적인 것이 아님을 압니다.¹⁸ |

| 澤雉十步一啄하고,
  택 치 십 보 일 탁 | 들꿩은 열 걸음 만에 한 번 먹이를 쪼고 |

| 百步一飮이나,
  백 보 일 음 | 백 걸음 만에 한 번 물을 마시지만 |

| 不蘄畜乎樊中이라.
  불 기 휵 호 번 중 | 새장 속에서 길러지기를 바라지 않습니다. |

| 神雖王이나,
  신 수 왕 | 기운은 비록 왕성하더라도 |

| 不善也라.
  불 선 야 | (마음으로) 좋지 않기 때문입니다." |

| 단락 요지 | 외형에 구애받지 않고, 남에게 구속을 당하지 않는 초월의 경지를 제시하였다.

| 한자 풀이 | 軒 수레 헌·난간 헌·집 헌, 介 낄 개·도울 개·홀로 개·외발 개, 澤 윤 택·못 택·진펄 택, 啄 쫄 탁·부리 주, 蘄 재갈 기·바랄 기, 樊 울타리 번·새장 번, 王 왕성할 왕〔旺과 통용〕

---

18 외발이 된 것은 후천적이지만 원래 정해진 운명으로 생각하고 자연스럽게 받아들임으로써 외적인 한계를 초월한 상태이다.

3. 양생주 6-5

老聃死에, 노 담 사	노자가 죽자
秦失弔之한대, 진 일 조 지	진일(秦失)[19]이 조문하는데,
三號而出이라. 삼 호 이 출	세 번 호곡(號哭)하고서 나왔다.
弟子曰이라. 제 자 왈	제자가 물었다.
非夫子之友邪아. 비 부 자 지 우 야	"선생님의 친구가 아닙니까."
曰然하다. 왈 연	"그렇다."
然則弔焉에, 연 즉 조 언	"그렇다면 조문하는데
若此可乎아? 약 차 가 호	이와 같이 해도 괜찮습니까?"
曰然하다. 왈 연	"그렇다.
始也吾以爲其人也러니, 시 야 오 이 위 기 인 야	처음에 나는 (노자를) 그 사람〔지인(至人)〕으로 생각했는데

---

19 진일(秦失) : 노자의 친구이다.

| 而今非也라.
이 금 비 야 | 지금은 아니구나. |

| 向吾入而弔焉에,
향 오 입 이 조 언 | 아까 내가 들어가 조문할 때, |

| 有老者哭之에,
유 노 자 곡 지 | 노인이 곡하는데 |

| 如哭其子하고,
여 곡 기 자 | 자기 자식에 대해 곡하듯이 하고, |

| 少者哭之에,
소 자 곡 지 | 젊은 사람이 곡하는데 |

| 如哭其母라.
여 곡 기 모 | 자기 어머니에 대해 곡하듯이 하였다. |

| 彼其所以會之는,
피 기 소 이 회 지 | 저들이 그렇게 거기에 모인 것은, |

| 必有不蘄言而言하고,
필 유 불 기 언 이 언 | 반드시 (노자가 칭송의) 말을 바라지는 않았지만 말하게 함이 있었고, |

| 不蘄哭而哭者라.
불 기 곡 이 곡 자 | 곡하기를 바라지는 않았지만 곡하게 함이 있었던 것이다. |

| 是遁天倍情하여,
시 둔 천 배 정 | 이것은 자연의 도리를 회피하고 실정을 거슬러 |

| 忘其所受니,
망 기 소 수 | 그가 (하늘에서) 받은 바를 잊은 것이니, |

| 古者謂之遁天之刑이라.
고 자 위 지 둔 천 지 형 | 옛날에 이것을 일컬어 '자연의 도리를 회피한 죄 〔둔천지형(遁天之刑)〕'라고 하였다. |

| 適來는,
적 래 | 마침 (이 세상에) 온 것은 |

| 夫子時也오,
부 자 시 야 | 선생이 올 때가 되었던 것이고, |

| 適去는,
적 거 | 마침 떠나는 것은 |

| 夫子順也라.
부 자 순 야 | 선생이 (자연의 도리를) 따르는 것이다. |

| 安時而處順하면,
안 시 이 처 순 | (올) 때를 편안히 여기고 (자연의 도리를) 따르게 되면 |

| 哀樂不能人也니,
애 락 불 능 입 야 | 슬픔과 기쁨이 끼어들 수 없으니, |

| 古者謂是帝之縣解[20]라.
고 자 위 시 제 지 현 해 | 옛날에 이것〔죽음〕을 일러 '상제(上帝)가 매달린 데〔속박〕에서 풀어 주는 것'이라고 하였다." |

| 단락 요지 | 태어남에 있어 오는 때를 편안히 여기고, 죽음에 있어 자연

---

20 현해(縣解) : 현해(懸解)와 같다.

의 도리를 따르고자 하는〔安時而處順〕, 장자의 사생관(死生觀)을 잘 보여주는 문장이다.

| 한자 풀이 | 遁 달아날 둔·피할 둔, 失 잃을 실·놓을 일·달아날 일, 聃 귓바퀴 없을 담, 倍 곱 배·배반할 배, 適 갈 적·맞을 적·마침 적·우연히 적, 縣 고을 현·매달 현〔懸의 본래 자〕

3. 양생주 6-6

指窮於爲薪이나,
지 궁 어 위 신

손이 땔감을 구하는 데에는
다함이 있지만

火傳也니,
화 전 야

불은 전해지는 것이니[21]

不知其盡也로다.
부 지 기 진 야

그것이 끝나는 것을 알 수 없다.

| 단락 요지 | 생사의 집착에서 벗어나면 개체는 죽더라도 정신은 절대 자유를 얻게 됨을 설명한 것이다.

| 한자 풀이 | 薪 땔나무 신

---

21 '薪'은 구체적인 형상을 지닌 것을 비유하는 말로, 위에서 老聃으로 제시된 사람의 육체이고, '火'는 사람의 정신을 비유한다.

4. 사람 사는 세상
〔인간세(人間世)〕

「인간세(人間世)」에서는 처세(處世)의 방법과 쓸모없음의 큰 쓸모를 논하였다. 처세에는 상호 관계 속에서 상대를 대하는 태도와 스스로의 처신이라는 두 가지 면이 있다.

먼저 처세의 방법에 대하여 안회(顔回), 섭공자고(葉公子高), 안합(顔闔)의 질문을 통해 상대를 대하는 어려움, 특히 군주 등 권력자를 대할 때의 어려움을 언급하면서 '심재(心齋 : 마음의 재계)'라는 방법을 제시하였다. '심재'는 거울처럼 내 마음을 비우고 상대를 대하는 것으로, 험한 세상에서 화를 피하고 순수함을 유지하는 비결이다. 이는 「소요유」에서 제시한 '무기(無己)'의 경지이다.

다음으로 '쓸모없음[무용(無用)]'의 가치에 대한 강조로, 역시 「소요유」에서 제시한 내용을 부연한 것이다. 대목(大木)과 지리소(支離疏)의 예를 들어, '쓸모없음의 진정한 쓸모[무용지용(無用之用)]'가 삶을 온전하게 하는 길임을 가르치고 있다.

4. 인간세 19-1

顔回見仲尼하고,
안 회 현 중 니

안회(顔回)[1]가 공자를 뵙고

請行한대,
청 행

길을 떠나겠다고 청하니

曰이라.
왈

공자가 물었다.

奚之오?
해 지

"어디를 가려느냐?"

曰將之衛니이다.
왈 장 지 위

"위(衛)나라에 가려고 합니다."

曰奚爲焉고?
왈 해 위 언

"그곳에서 무엇을 하려는가?"

曰回聞衛君은,
왈 회 문 위 군

"제가 듣기에 위나라 임금은

其年壯하고,
기 년 장

그 나이가 한창때이고

其行獨하며,
기 행 독

그 행동이 독단적이며

輕用[2]其國하고,
경 용 기 국

함부로 자기 나라를 다스리면서

---

1 안회(顔回) : 공자의 제자로, 자가 자연(子淵)이다. 학문과 덕행이 뛰어났으나 요절하였다.
2 용(用) : '치(治)'의 뜻이다.

而不見其過하며,
이 불 견 기 과

자신의 잘못을 알지 못하며

輕用民死하여,
경 용 민 사

함부로 죽을 곳[전쟁]에 백성을 써서

死者以國量乎면,
사 자 이 국 량 호

죽은 자가 나라 전체로 헤아려 보면

澤若蕉하여,
택 약 초

늪지에 잡초와 같아,

民其無如矣라.
민 기 무 여 의

백성들은 거의 갈 곳이 없다고 합니다.

回嘗聞之夫子호니,
회 상 문 지 부 자

제가 일찍이 선생님께 듣기에,

曰治國去之하고,
왈 치 국 거 지

'잘 다스려지는 나라에서는 떠나고

亂國就之니,
난 국 취 지

어지러운 나라에는 갈 것이니

醫門多疾이니이다.
의 문 다 질

의사의 집에 병든 사람이 많다'라고 하셨습니다.[3]

願以所聞으로,
원 이 소 문

바라건대 배운 것을 가지고

思其則하면,
사 기 칙

(위나라 임금에게) 올바른 법도를 생각하게 한다면

---

3 혼란한 나라에 능력 있는 사람이 가서 도움을 주어야 함을 비유한 말이다.

庶幾其國有瘳乎리라.
서 기 기 국 유 추 호

아마 그 나라가 나아짐이
있을 것입니다."

| 단락 요지 | 안회가 무도한 위나라 임금을 깨우치기 위해 길을 떠날 것을 청하는 내용으로, 권력자를 대하는 방법을 제시하기 위한 도입부이다.
| 한자 풀이 | 奚 종 해 · 어찌 해 · 무엇 해 · 어느 곳 혜, 壯 씩씩할 장 · 왕성할 장 · 굳을 장, 蕉 파초 초 · 잡초 초, 如 같을 여 · 좇을 여 · 갈 여, 瘳 병 나을 추

4. 인간세 19-2

仲尼曰이라.
중 니 왈

공자가 말하였다.

譆라.
희

"아!

若殆往而⁴刑耳리라.
약 태 왕 이 형 이

네가 아마 간다면 형벌을
받을 뿐이리라.

夫道不欲雜하니,
부 도 불 욕 잡

무릇 도는 잡다하기를
바라지 않으니,

雜則多하고,
잡 즉 다

잡다해지면 (일이) 많아지고

---

4 이(而) : 연사로, '즉(則)'의 용법이다.

多則擾하며,
다 즉 요

(일이) 많아지면 어지러워지며,

擾則憂하고,
요 즉 우

어지러워지면 근심이 생기고,

憂而不救니라.
우 이 불 구

근심이 생기면 남을 구하지 못한다.

古之至人은,
고 지 지 인

옛날의 지인(至人)은

先存諸己하고,
선 존 저 기

먼저 자신에게
그것〔도(道)〕을 갖추고

而後存諸人이라.
이 후 존 저 인

그런 뒤에야 남에게
그것을 갖추게 하였다.

所存於己者未定이어늘,
소 존 어 기 자 미 정

자신에게 갖추어진 것이 아직
확정되지 않았는데

何暇至於暴人之所行이리오.
하 가 지 어 포 인 지 소 행

어느 겨를에 포악한 자의
행실에까지 미치겠는가.

且若亦知夫德之所蕩과,
차 약 역 지 부 덕 지 소 탕

더구나 너는 또한 저 덕이
넘치는 것과

而知之所爲出乎哉아?
이 지 지 소 위 출 호 재

지식이 드러나는 것을 알고 있느냐?

德蕩乎名하고, 덕 탕 호 명	덕은 명성에서 넘치고
知出乎爭이라. 지 출 호 쟁	지식은 다툼에서 드러난다.
名也者는, 명 야 자	명성이란 것은
相軋也요, 상 알 야	서로를 어긋나게 하고
知者也는, 지 자 야	지식이란 것은
爭之器也라. 쟁 지 기 야	다툼의 도구이다.
二者凶器니, 이 자 흉 기	이 두 가지는 재앙의 도구이니
非所以盡行也라. 비 소 이 진 행 야	행실을 지극하게 하는 것이 아니다.

| 단락 요지 | 자신에게 갖추지 못했으면서 덕을 뽐내고, 지식을 드러내어 포악한 사람을 인도하려는 우매함을 지적하였다.

| 한자 풀이 | 譆 아아(감탄사) 희, 若 너 약, 擾 어지러울 요, 蕩 쓸어버릴 탕·움직일 탕·흐르게 할 탕, 軋 삐걱거릴 알·서로 배척할 알

4. 인간세 19-3

且德厚信矼이라도,
_{차 덕 후 신 강}

또 덕이 두텁고 믿음이 굳더라도

未達人氣하고,
_{미 달 인 기}

아직 다른 사람의 기분을
이해하지 못하고,

名聞不爭이라도,
_{명 문 부 쟁}

명성을 다투지는 않더라도

未達人心이어늘,
_{미 달 인 심}

다른 사람의 심정을
이해하지 못하면서,

而强以仁義繩墨之言으로,
_{이 강 이 인 의 승 묵 지 언}

억지로 인(仁)·의(義) 등의
규범적인 말을 가지고

術暴人之前者면,
_{술 포 인 지 전 자}

포악한 사람 앞에서 진술한다면

是以人惡有其美也니,
_{시 이 인 악 유 기 미 야}

이는 남의 악으로 자신의
아름다움을 드러냄이니,

命之曰菑人이라.
_{명 지 왈 재 인}

이것을 이름 하여, '남에게 재앙을
끼친다'라고 하는 것이다.

菑人者는,
_{재 인 자}

남에게 재앙을 끼치는 자는

| 人必反菑之니, | 남들이 반드시 그에게 돌이켜 재앙을 끼치니 |

若殆爲人菑夫인저. 너는 아마도 남에게서 재앙을 당할 것이다.

且苟爲悅賢하고, 또 만약 (위나라 임금이) 어진 이를 좋아하고

而惡不肖면, 그렇지 못한 자를 미워했다면

惡用而하여, 어찌 너를 써서

求有以異리오. 다름이 있기를 구하겠느냐.

若唯無詔면, 네가 가르쳐 줌이 없다면,

王公必將乘人하여, 왕은 반드시 너의 상황에 따라

而鬪其捷이리라. 말재주를 다툴 것이다.

而目將熒之하고, 너는 눈이 어지러워지고,

而色將平之하며, 너는 얼굴빛이 가라앉을 것이며,

| 口將營之하고, | 입은 둘러대고 |
| 구 장 영 지 | |

容將形之하며,　　　　　　(두려워하는) 모습이 드러날 것이며,
용 장 형 지

心且成之리라.　　　　　　마음은 또한 굳어질 것이다.
심 차 성 지

是以火救火요,　　　　　　이것은 불을 가지고 불을 끄고,
시 이 화 구 회

以水救水니,　　　　　　　물을 가지고 물을 막는 것으로,
이 수 구 수

名之曰益多라.　　　　　　이를 일러 많은 것에 더 보탠다고
명 지 왈 익 다　　　　　　하는 것이다.

順始無窮이리니,　　　　　처음을 따르다 보면
순 시 무 궁　　　　　　　끝이 없을 것이니,

若殆以不信厚言이면,　　　네가 혹시 신임 받지 못하면서
약 태 이 불 신 후 언　　　말을 중후하게 한다면,

必死於暴人之前矣리라.　　반드시 포악한 사람 앞에서
필 사 어 포 인 지 전 의　　죽음을 당할 것이다.

| 단락 요지 | 포악한 군주를 교화하는 것은, 도덕을 갖추고 있는 경우에도 위험하고 갖추고 있지 않은 경우에도 위험하다.

| 한자 풀이 | 彊 굳셀 강, 術 길 술·꾀 술·서술할 술(述과 통용), 菑 묵정밭 치·재앙 재(災와 같은 자), 悅 기쁠 열·좋아할 열, 肖 닮을

초 · 본받을 초, 詔 조서 조 · 알릴 조 · 가르칠 조, 捷 이길 첩 · 빠를 첩, 熒 등불 형 · 현혹할 형

4. 인간세 19-4

且昔者桀殺關龍逢하고,
_{차 석 자 걸 살 관 룡 봉}

또 옛날에 걸(桀)⁵은
관용봉(關龍逢)⁶을 죽였고

紂殺王子比干이라.
_{주 살 왕 자 비 간}

주(紂)⁷는 왕자 비간(比干)⁸을
죽였다.

是皆修其身하여,
_{시 개 수 기 신}

이들은 모두 그 자신을 닦아

以下傴拊人之民하고,
_{이 하 구 부 인 지 민}

아랫사람으로서 남의 백성을
굽어 어루만지고,

以下拂其上者也니라.
_{이 하 불 기 상 자 야}

아랫사람으로서 그 윗사람을
거역한 자들이다.

---

5 걸(桀) : 하(夏)나라의 마지막 천자로, 포악함으로 이름이 났었다.
6 관룡봉(關龍逢) : 걸임금 시대의 현신(賢臣)으로, 걸의 잘못을 간하다 죽음을 당하였다.
7 주(紂) : 은(殷)나라의 마지막 천자로, 포악함으로 이름이 났었다.
8 비간(比干) : 주(紂)의 숙부(叔父)로, 주의 잘못을 간하다 죽음을 당하였다.

故其君因其修以擠之하니,
_{고 기 군 인 기 수 이 제 지}

그래서 그 군주들은, 그들이 덕이 닦여진 것 때문에 그들을 제거하였으니,

是好名者也라.
_{시 호 명 자 야}

이는 명성을 좋아했던 자들이다.

昔者堯攻叢枝·胥敖[9]하고,
_{석 자 요 공 총 지   서 오}

옛날에 요임금은 총지(叢枝)와 서오(胥敖)를 치고

禹攻有扈하니,
_{우 공 유 호}

우(禹)는 유호(有扈)[10]를 쳤으니

國爲虛厲[11]하고,
_{국 위 허 려}

나라는 폐허가 되고

身爲刑戮이라.
_{신 위 형 륙}

몸은 죽음을 당하였다.

其用兵不止하고,
_{기 용 병 부 지}

그들은 군대를 동원하기를 그치지 않고,

其求實無已하니,
_{기 구 실 무 이}

그들은 실리(實利)를 추구하기를 그만두지 않았으니,

---

9 총지(叢枝)·서오(胥敖) : 요임금 시대의 작은 나라 이름이다.
10 유호(有扈) : 옛 나라 이름이다.
11 허려(虛厲) : '허(虛)'는 '허(墟)'와 통하여 '폐허'의 뜻이고, '려(厲)'는 '악귀(惡鬼)'의 뜻으로 사람들이 죽은 것을 가리킨다.

是皆求名實者也라.
시 개 구 명 실 자 야

이는 모두 명성과 실리를 추구한 자들이다.

而獨不聞之乎아?
이 독 불 문 지 호

너는 어찌 그것을 듣지 못했느냐?

名實者는,
명 실 자

명성과 실리를 추구하는 자들은

聖人之所不能勝也어늘,
성 인 지 소 불 능 승 야

성인조차 능히 감화해 낼 수가 없는데,

而況若乎아.
이 황 약 호

하물며 너이겠는가."

| 단락 요지 | 역사상 포악한 군주를 교화하려다가 죽음을 당한 예를 들어 그 어려움을 일깨워 주는 내용이다.
| 한자 풀이 | 傴 구부릴 구 · 곱사등이 구, 拊 어루만질 부, 拂 털 불 · 거스를 불, 擠 밀 제 · 밀칠 제, 扈 뒤따를 호, 厲 숫돌 려 · 갈 려 · 악귀 려, 戮 죽일 륙

4. 인간세 19-5

雖然이나,
수 연

"비록 그러하나

若必有以也리니,
약 필 유 이 야

너에게도 반드시 방법이 있을 것이니

嘗以語我來[12]하라.
상 이 어 아 래

한번 내게 말해 보거라."

顔回曰이라.
안 회 왈

안회가 대답하였다.

端而虛하고,
단 이 허

"단정하면서도 겸허하고

勉而一하면,
면 이 일

힘쓰면서 한결같다면

則可乎잇가?
즉 가 호

가능하겠습니까?"

曰惡라.
왈 오

"아!

惡可리오.
오 가

어떻게 가능하겠느냐.

夫[13]以陽爲充孔揚하고,
부 이 양 위 충 공 양

그는 굳센 기운을 가득 채워 크게 드러내고,

采色不定하여,
채 색 부 정

얼굴빛이 안정되어 있지 않아

常人之所不違라.
상 인 지 소 불 위

보통 사람은 거역하지 못할 대상이다.

---

12 래(來) : 문장 끝에 쓰여 감탄이나 청유의 어기(語氣)를 갖는 어기사(語氣詞)이다.
13 부(夫) : 지시대사로, '타(他)'의 뜻이다.

因案人之所感하여,　　　　남의 감정을 억누름으로써
인 안 인 지 소 감

以求容與¹⁴其心이라.　　　자기 마음을 멋대로 하기를 구한다.
이 구 용 여　기 심

名之曰日漸之德不成이니,　이를 일러, "날마다 젖어들게 하는
명 지 왈 일 점 지 덕 불 성　　덕으로도 이룰 수 없다"고 하는데,

而況大德乎아.　　　　　　하물며 큰 덕(으로 대하는
이 황 대 덕 호　　　　　　경우)이겠는가.

將執而不化하여,　　　　　아마 고집대로 하면서 변하지 않아,
장 집 이 불 화

外合而內不訾리니,　　　　겉으로는 맞더라도 안으로는
외 합 이 내 부 자　　　　　헤아리지 못하리니,

其庸詎可乎리오.　　　　　그것이 어떻게 가능하겠는가."
기 용 거 가 호

| 단락 요지 | 위나라 임금의 문제점을 지적하면서 대처하기 어려움을 다시 강조하였다.

| 한자 풀이 | 以 까닭 이 · 방법 이, 端 바를 단, 充 찰 충 · 채울 충 · 가득할 충, 揚 오를 양 · 나타낼 양, 違 어길 위, 案 안석 안 · 책상 안 · 누를 안, 訾 헐뜯을 자 · 헤아릴 자

---

14 용여(容與) : 한가로이 유유자적하는 모습, 또는 제멋대로 하는 모습이다.

4. 인간세 19-6

然則我內直而外曲하며,
_{연 즉 아 내 직 이 외 곡}

"그렇다면 저는 안으로는 곧지만 밖으로는 굽히며,

成而上比리라.
_{성 이 상 비}

(마음에는) 정했지만 위(옛사람의 말)로 비유하겠습니다.

內直者는,
_{내 직 자}

안으로 곧은 자는

與天爲徒니,
_{여 천 위 도}

하늘과 동료가 되니,

與天爲徒者는,
_{여 천 위 도 자}

하늘과 동료가 되는 자는

知天子之與己가,
_{지 천 자 지 여 기}

천자와 자신이

皆天之所子라.
_{개 천 지 소 자}

모두 하늘이 자식으로 삼고 있는 이들임을 알고 있습니다.

而獨以己言으로,
_{이 독 이 기 언}

그러므로 유독 자신의 말을

蘄乎而[15]人善之어나,
_{기 호 이 인 선 지}

다른 사람이 좋게 여기기를 바라거나

---

15 이(而) : 지시대사로, '타(他)' 혹은 '기(其)'의 뜻이다.

| 蘄乎而人不善之邪아. | 다른 사람이 좋게 여기지 않기를 바라겠습니까. |
| 기 호 이 인 불 선 지 야 | |

| 若然者는, | 그와 같은 자는 |
| 약 연 자 | |

| 人謂之童子니, | 사람들이 그를 동자(童子)라고 일컬으니, |
| 인 위 지 동 자 | |

| 是之謂與天爲徒라. | 이를 일러 하늘과 동료가 된다고 하는 것입니다. |
| 시 지 위 여 천 위 도 | |

| 外曲者는, | 밖으로 굽히는 자는 |
| 외 곡 자 | |

| 與人之¹⁶爲徒也라. | 사람과 동료가 됩니다. |
| 여 인 지   위 도 야 | |

| 擎跽曲拳¹⁷은, | [홀(笏)을] 높이 들고 꿇어앉거나 몸을 굽히는 것은 |
| 경 기 곡 권 | |

| 人臣之禮也로, | 신하의 예로, |
| 인 신 지 례 야 | |

| 人皆爲之어늘, | 남들이 모두 이것을 하는데 |
| 인 개 위 지 | |

---

16 지(之) : 연문(衍文)이다(곽경번, 앞의 책, p.145).
17 곡권(曲拳) : 몸을 굽혀 인사하는 것을 가리킨다.

吾敢不爲邪아.	제가 감히 하지 않겠습니까.
오 감 불 위 야	
爲人之所爲者는,	남들이 하는 것을 하는 자는
위 인 지 소 위 자	
人亦無疵焉이니,	남들이 또한 그를 헐뜯지 않으니,
인 역 무 자 언	
是之謂與人爲徒라.	이를 일러 사람과 동료가 된다고 하는 것입니다.
시 지 위 여 인 위 도	
成而上比者는,	(마음에는) 정해진 것이 있지만 위(옛사람의 말)로 비유하는 자는
성 이 상 비 자	
與古爲徒라.	옛사람과 동료가 됩니다.
여 고 위 도	
其言雖教나,	그 말은 비록 가르침이지만
기 언 수 교	
謫之實也로,	꾸짖는 실상으로
적 지 실 야	
古之有也오,	옛날에 있었던 것이지
고 지 유 야	
非吾有也라.	제가 만들어낸 것이 아닙니다.
비 오 유 야	
若然者는,	그와 같은 자는
약 연 자	
雖直而不病하니,	비록 곧더라도 병폐가 되지 않으니,
수 직 이 불 병	

是之謂與古爲徒라.
시 지 위 여 고 위 도

이를 일러 옛사람과
동료가 된다고 합니다.

若是則可乎잇가?
약 시 즉 가 호

이와 같이 하면 가능하겠습니까?"

仲尼曰이라.
중 니 왈

공자가 말하였다.

惡라.
오

"아!

惡可리오.
오 가

어떻게 가능하겠느냐.

大多政하니,
태 다 정

너무 일이 많으니,

法而不諜이라.
법 이 불 첩

법도가 있지만 편안하지 못하다.

雖固亦無罪나,
수 고 역 무 죄

비록 고루하여 역시 죄를
받지는 않겠지만,

雖然이나,
수 연

비록 그러하나

止是耳矣니,
지 시 이 의

여기에 그칠 뿐이니,

夫胡可以及化리오.
부 호 가 이 급 화

어떻게 변화시킬 수 있겠는가.

猶師心者也라.
유 사 심 자 야

아직도 성심(成心)을 표준으로
삼고 있는 자이다."

| 단락 요지 | 포악한 군주를 대하는 방법에 대한 문답으로, 안회가 제시한 방법은 해를 당하지는 않겠지만 의도했던 바를 이룰 수 없음을 지적하였다. 다음 단락에서 '심재(心齋)'를 깨우쳐 주기 위한 전제이다.

| 한자 풀이 | 蘄 풀이름 기 · 바랄 기, 擎 들 경, 跽 꿇어앉을 기, 拳 주먹 권 · 주먹질 권 · 구부릴 권, 疵 흉 자 · 홈 자 · 헐뜯을 자, 謫 귀양 갈 적 · 꾸짖을 적, 政 정사 정 · 법 정 · 부역 정, 諜 염탐할 첩 · 편안할 첩

4. 인간세 19-7

顏回曰이라.
안 회 왈

안회가 말하였다.

吾無以進矣니,
오 무 이 진 의

"저는 더 나아갈 수 없으니,

敢問其方하노이다.
감 문 기 방

그 방법을 여쭙겠습니다."

仲尼曰이라.
중 니 왈

공자가 대답하였다.

齋하라.
재

"재계(齋戒)하여라.

吾將語若하리라.
오 장 어 약

내가 너에게 말해 주겠다.

有心而爲之면,
유 심 이 위 지

성심(成心)을 가진 채
어떤 일을 한다면

其易邪아.
기 이 야

그것이 쉽겠는가.

易之者는,
이 지 자

그것을 쉽게 여기는 사람은

暤天不宜리라.
호 천 불 의

밝은 하늘에 맞지 않을 것이다."

顔回曰이라.
안 회 왈

안회가 말하였다.

回之家貧하여,
회 지 가 빈

"저는 집이 가난하여

唯不飮酒하고,
유 불 음 주

술을 마시지 않고

不茹葷者가,
불 여 훈 자

매운 채소를 먹지 않은 지가

數月矣니이다.
수 월 의

여러 달이 되었습니다.

如此則可以爲齋乎아?
여 차 즉 가 이 위 재 호

이와 같다면 재계라고
할 수 있겠습니까?"

曰是祭祀之齋로,
왈 시 제 사 지 재

"그것은 제사의 재계이지

非心齋也라.
비 심 재 야

마음의 재계가 아니다."

回曰이라.
회 왈

안회가 말하였다.

敢問心齋하노이다.
감 문 심 재

"마음의 재계에 대해 여쭙겠습니다."

仲尼曰이라.
중 니 왈

공자가 대답하였다.

若一志하여,
약 일 지

"너는 뜻을 전일(專一)하게 하여

無聽之以耳하고,
무 청 지 이 이

귀로 듣지 말고

而聽之以心하며,
이 청 지 이 심

마음으로 들을 것이며,

無聽之以心하고,
무 청 지 이 심

마음으로 듣지 말고

而聽之以氣하라.
이 청 지 이 기

기(氣)[18]로 들어라.

聽止於耳[19]하고
청 지 어 이

귀는 소리를 듣는 데에 그칠 뿐이고

心止於符라.
심 지 어 부

마음은 (외물과) 부합하는 데에 그칠 뿐이다.[20]

氣也者는,
기 야 자

기(氣)라는 것은

---

18 기(氣) : 지각을 초월한 기능으로, 거울처럼 자기를 비우고 상대에 따라 대응하는 것이다. 뒤에서 말하는 바의, "비어 있으면서 상대를 대하는 것(虛而待物者)"이다.
19 "耳止於聽"의 잘못이다(진고응, 앞의 책, p.130).
20 비움으로 상대를 대하는 경지가 아님을 가리킨다.

虛而待物者也라.
허 이 대 물 자 야

비어 있으면서 상대를
대하는 것이다.

唯道集虛하니.
유 도 집 허

오직 도(道)는 비어 있는 곳에
모이니,

虛者가,
허 자

비우는 것이

心齋也라.
심 재 야

마음의 재계이다."

| 단락 요지 | 상대를 대하는 최선의 방법이 자기를 비우는 '심재(心齋)'임을 깨우쳐준 내용이다.
| 한자 풀이 | 齋 재계할 재, 暭 밝을 호·흴 호(皞와 같은 자), 茹 먹을 여, 葷 매운 채소 훈, 符 부신 부·부합할 부·부응할 부

4. 인간세 19-8

顔回曰이라.
안 회 왈

안회가 말하였다.

回之未始得使에,
회 지 미 시 득 사

"제가 전에 아직 심재(心齋)를
쓰지 못했을 때에는

實自回也러니,
실 자 회 야

진실로 그대로의 저일 뿐이었는데

得使之也하니, _{득 사 지 야}	그것을 쓸 수 있게 되니
未始有回也라. _{미 시 유 회 야}	비로소 제가 있지 않게 되었습니다.[21]
可謂虛乎아? _{가 위 허 호}	이것을 '비우는 것'이라고 할 수 있겠습니까?"
夫子曰이라. _{부 자 왈}	공자가 말하였다.
盡矣라. _{진 의}	"지극하다.
吾語若하리라. _{오 어 약}	내 너에게 말해 주겠다.
若能入遊其樊이라도, _{약 능 입 유 기 번}	네가 그 울타리 안〔위(衛) 임금의 세력권〕에 들어가 머물 수 있더라도
而無感其名하라. _{이 무 감 기 명}	명성에 동요되지 말라.
入則鳴하고, _{입 즉 명}	받아들여지면 소리를 내고,
不入則止하라. _{불 입 즉 지}	받아들여지지 않으면 그만두어라.
無門無毒하며, _{무 문 무 독}	(마음에) 문을 두지 말고 다스림도 두지 말며[22]

---

21 '망아(忘我)', '오상아(吾喪我)'의 경지로, 성심(成心)이 없어진 상태를 가리킨다.

一宅하고,
一宅

而寓於不得已[23]면,
이 우 어 부 득 이

則幾矣리라.
즉 기 의

絶迹易나,
절 적 이

無行地難이라.
무 행 지 난

爲人使易以僞나,
위 인 사 이 이 위

爲天使難以僞라.
위 천 사 난 이 위

聞以有翼飛者矣어니와,
문 이 유 익 비 자 의

未聞以無翼飛者也며,
미 문 이 무 익 비 자 야

한결같게 마음을 지니고

부득이함에 맡긴다면

거의 될 것이다.

자취를 끊기는 쉬워도

땅을 밟지 않기는 어렵다.[24]

사람에게 부림을 당할 때에는
거짓되기 쉬우나

하늘에게 부림을 당할 때에는
거짓되기 어렵다.

날개가 있음으로써 난다는 말은
들었어도

날개 없음으로써 난다[25]는 말은
아직 듣지 못하였으며

---

22 '문(門)'은 자신의 경계(境界)이고, '독(毒)'은 '치(治)'로 자신이 주관하는 것이다.
23 부득이(不得已) : 사람의 힘으로 거역할 수 없는 것, 즉 '자연' 또는 '자연의 법칙'을 가리킨다.
24 어떤 일을 하지 않기는 쉽지만, 행하면서 그 흔적이 드러나지 않게 하기가 어려움을 가리킨다.

聞以有知知者矣어니와,
문 이 유 지 지 자 의

지각이 있음으로써 안다는 말은 들었어도

未聞以無知知者也라.
미 문 이 무 지 지 자 야

지각이 없음으로써 안다[26]는 말은 듣지 못하였다.[27]

瞻彼闋者하니,
첨 피 결 자

저 비어 있는 것을 보니

虛室[28]生白하여,
허 실 생 백

빈 곳에서 순수함이 나와

吉祥止止라.
길 상 지 지

상서로움이 머문다.

夫且不止를,
부 차 부 지

저 멈추지 못하는 것,

是之謂坐馳니라.
시 지 위 좌 치

이를 일러 '좌치(坐馳)'[29]라고 한다.

夫徇[30]耳目內通하고,
부 순 이 목 내 통

무릇 귀와 눈을 안으로 향하게 하고

---

25 나는 것의 지극한 경지이다.
26 아는 것의 지극한 경지이다.
27 '지(知)'는 뒤에 나오는 '마음의 지각(심지(心知))'이다. 이 구절은 마음의 작용을 초월하여 '신(神)'으로 알 것을 강조한 것으로, 「양생주(養生主)」에서 말한, "감각기관의 기능이 멈추고 정신의 작용이 움직이는(官知止, 而神欲行)" 경지에 대한 추구이다.
28 허실(虛室) : '빈 마음(허심(虛心))'을 가리킨다.
29 몸은 앉아 있는데 마음은 다른 곳으로 달리는 것이다. 「양왕(讓王)」에서 말한, "몸은 강이나 바닷가에 있으면서, 마음은 큰 대궐에 있는 것(身在江海之上, 心居乎魏闕之下)" 이 바로 좌치(坐馳)이다.
30 순(徇) : 사역동사로 '사(使)'의 용법이다.

而外於心知면, _{이 외 어 심 지}	마음의 지각을 밖으로 쫓아내면
鬼神將來舍어늘, _{귀 신 장 래 사}	귀신도 장차 와서 머무를 것이니
而況人乎아. _{이 황 인 호}	하물며 사람이겠는가.
是萬物之化也오, _{시 만 물 지 화 야}	이것이 만물을 변화시키는 것이고
禹舜之所紐也며, _{우 순 지 소 뉴 야}	우임금과 순임금이 근거로 삼은 것이며
伏羲几蘧之所行終이니, _{복 희 궤 거 지 소 행 종}	복희(伏羲)[31]와 궤거(几蘧)[32]가 끝까지 실천했던 것인데
而況散焉者乎아. _{이 황 산 언 자 호}	하물며 보잘것없는 사람이겠는가."

| 단락 요지 | '심재(心齋)'의 상태와 그 반대인 '좌치(坐馳)'의 상태를 설명하고, 심재만이 해를 당하지 않고 포악한 군주를 바로잡는 길임을 가르쳤다.

| 한자 풀이 | 樊 울 번, 毒 독 독·다스릴 독, 宅 집 택·살 택·자리잡을 택, 瞻 볼 첨, 闋 끝날 결·빌 결, 馳 달릴 치·전할 치, 循 경영할 순·부릴 순, 舍 집 사·머무를 사, 紐 끈 뉴·근거할 뉴, 羲 숨 희·사

---

31 복희(伏羲) : 전설(傳說)에 등장하는 고대(古代)의 제왕(帝王)이다.
32 궤거(几蘧) : 역시 전설에 등장하는 고대의 제왕이다.

람 이름 희[복희(伏羲)의 약칭]. 蘧 패랭이꽃 거·놀랄 거

4. 인간세 19-9

葉公子高將使於齊하여, _{섭 공 자 고 장 시 어 제}	섭공자고(葉公子高)[33]가 장차 제나라에 사신 가게 되어
問於仲尼曰이라. _{문 어 중 니 왈}	공자에게 물었다.
王使諸梁也甚重이어늘, _{왕 시 제 량 야 심 중}	"왕께서 저에게 사신 보내는 일은 매우 중대한데,
齊之待使者는, _{제 지 대 사 자}	제나라가 사신을 대하는 것은
蓋將甚敬而不急이니이다. _{개 장 심 경 이 불 급}	대체로 매우 정중하지만 서두르지 않습니다.
匹夫猶未可動이온, _{필 부 유 미 가 동}	보통 사람도 쉽게 움직일 수 없는데,
而況諸侯乎아. _{이 황 제 후 호}	하물며 제후이겠습니까.

---

[33] 섭공자고(葉公子高) : 초나라 대부(大夫)로 섭(葉)의 현령을 지냈다. 성(姓)은 심(沈)이고 이름이 제량(諸梁)이며 자가 자고(子高)이다.

吾甚慄之하노이다.
오 심 률 지

저는 이것을 매우
두려워하고 있습니다.

子常³⁴語諸梁也하시니,
자 상 어 제 량 야

선생님께서 일찍이 저에게
말씀하시기를,

曰凡事若小若大에,
왈 범 사 약 소 약 대

'무릇 일이란 작건 크건

寡不道以懽成이라.
과 부 도 이 환 성

도리에 맞지 않게 하여
잘 이루어지는 것은 드물다.

事若不成이면,
사 약 불 성

일이 만약 이루어지지 않으면

則必有人道之患하고,
즉 필 유 인 도 지 환

반드시 '사람의 도리상의 근심
〔인도지환(人道之患)³⁵〕'이 있고

事若成이라도,
사 약 성

일이 만일 이루어지더라도

則必有陰陽之患이라.
즉 필 유 음 양 지 환

반드시 '음양의 근심
〔음양지환(陰陽之患)³⁶〕'이 있다.

---

34 상(常) : '상(嘗)'과 통하여, '일찍이', '전에'의 뜻이다.
35 인도지환(人道之患) : 형벌을 받는 등의 근심을 가리킨다.
36 음양지환(陰陽之患) : 일이 이루어지기 전의 염려에서 오는 것이 음환(陰患)이고 일이 이루어진 뒤의 기쁨에서 오는 것이 양환(陽患)으로, 두 가지가 교차하면서 병이 생긴다.

若成若不成에,
약 성 약 불 성

이루어지든 이루어지지 않든 간에

而後無患者는,
이 후 무 환 자

뒤에 근심이 없는 것은

唯有德者能之니라.
유 유 덕 자 능 지

오직 덕 있는 사람만이 가능하다
라고 하셨습니다.

吾食也執粗而不臧하니,
오 식 야 집 조 이 부 장

저는 밥 먹을 때에도 거친 것을
먹어 훌륭하지 않으니

爨無欲淸之人이니이다.
찬 무 욕 청 지 인

밥을 하는데 시원하기를
바라는 이가 없습니다.

今吾朝受命하고,
금 오 조 수 명

이번에 제가 아침에 명을 받고서,

而夕飮冰하니,
이 석 음 빙

저녁에 얼음을 마시니

我其內熱與인저.
아 기 내 열 여

저는 아마 속에서 열이 나는 것
같습니다.

吾未至乎事之情이어늘,
오 미 지 호 사 지 정

저는 아직 일의 실제 상황에
이르기도 전에

而旣有陰陽之患矣라.
이 기 유 음 양 지 환 의

이미 음양의 근심이 생겼습니다.

事若不成이면,
사 약 불 성

일이 만약 성사되지 않는다면,

必有人道之患이리라.
필 유 인 도 지 환

반드시 사람의 도리상의
근심이 있을 것입니다.

是兩也는,
시 량 야

이 두 가지는

爲人臣者不足以任之니,
위 인 신 자 부 족 이 임 지

신하 된 자로서 감당할 수 없으니,

子其有以語我來하소서.
자 기 유 이 어 아 래

선생님께서는 바라건대 제게
말씀해 주십시오."

| 단락 요지 | 섭공자고가 나라의 임무를 맡아 사신을 가게 되자 걱정이 많아져 공자에게 가르침을 청한 내용이다.

| 한자 풀이 | 葉 잎 엽·성 섭·고을 이름 섭, 慄 두려워할 률, 懽 기뻐할 환, 爨 부뚜막 찬·불 땔 찬·밥 지을 찬

4. 인간세 19-10

仲尼曰이라.
중 니 왈

공자가 말하였다.

天下有大戒二하니,
천 하 유 대 계 이

"세상에는 '크게 경계할 것
〔대계(大戒)〕'이 두 가지가 있으니,

其一命也요,
_{기 일 명 야}

그 하나는 명〔천명(天命)〕이고,

其一義也라.
_{기 일 의 야}

다른 하나는 의〔의리(義理)〕이다.

子之愛親는,
_{자 지 애 친}

자식이 그 어버이를 사랑하는 것은

命也니,
_{명 야}

명이니,

不可解於心이오,
_{불 가 해 어 심}

마음에서 풀어버릴 수 없고

臣之事君은,
_{신 지 사 군}

신하가 군주를 섬기는 것은

義也니,
_{의 야}

의이니,

無適而非君也로,
_{무 적 이 비 군 야}

어딜 가든 군주의 것 아닌 데가 없으므로

無所逃於天地之間이라.
_{무 소 도 어 천 지 지 간}

천지 사이에서 벗어날 곳이 없다.

是之謂大戒라.
_{시 지 위 대 계}

이것을 가리켜 '크게 경계할 것'이라고 한다.

是以夫事其親者는,
_{시 이 부 사 기 친 자}

이 때문에 어버이를 섬기는 사람은

不擇地而安之가,
_{불 택 지 이 안 지}

처지를 가리지 않고 어버이를 편안케 함이

孝之至也오,
효 지 지 야

지극한 효도이고

夫事其君者는,
부 사 기 군 자

군주를 섬기는 사람은

不擇事而安之가,
불 택 사 이 안 지

일을 가리지 않고 군주를
편안케 함이

忠之盛也라.
충 지 성 야

훌륭한 충성이다.

自事其心者는,
자 사 기 심 자

스스로 그 마음의 수양을
일삼는 사람은

哀樂不易施乎前하여,
애 락 불 이 시 호 전

슬픔이나 즐거움이 앞에서 쉽게
작용하지 못하여

知其不可奈何하고,
지 기 불 가 내 하

그것이 어쩔 수 없음을 알고

而安之若命하니,
이 안 지 약 명

편안히 여기기를 운명처럼 하니

德之至也라.
덕 지 지 야

지극한 덕이다.

爲人臣子者는,
위 인 신 자 자

신하 된 자와 자식 된 자는

固有所不得已니라.
고 유 소 부 득 이

본래 부득이한 것이 있다.

行事之情하고,
행 사 지 정

일의 실제 상황을 실행하고

而忘其身하니,
이 망 기 신

자신의 몸을 잊으니,

何暇至於悅生而惡死리오.
하 가 지 어 열 생 이 오 사

어느 겨를에 삶을 좋아하고
죽음을 싫어하게 되겠는가.[37]

夫子其行可矣리라.
부 자 기 행 가 의

그대는 아마 가는 게 좋으리라.

| 단락 요지 | 신하 된 자는 임무를 받았으면 일의 경중을 따질 것이 없이 실행해야 하는 당위를 설명하였다.
| 한자 풀이 | 戒 경계할 계·주의할 계, 適 맞을 적·갈 적, 逃 달아날 도·피할 도·떠날 도, 悅 기쁠 열·좋아할 열

4. 인간세 19-11

丘請復以所聞하노라.
구 청 복 이 소 문

내가 들은 것으로 다시 말해 주겠다.

凡交는,
범 교

무릇 교제는

近則必相靡以信하고,
근 즉 필 상 미 이 신

가까운 경우에는 반드시 신의로
서로 따르고,

---

37 음양지환(陰陽之患)에 대한 걱정을 하지 말 것을 당부한 것이다.

遠則必忠之以言한대
원 즉 필 충 지 이 언

먼 경우에는 반드시 말로써
충실하게 해야 하는데

言必或傳之라.
언 필 혹 전 지

말이란 반드시 누군가가 그것을
전해야 한다.

夫傳兩喜兩怒之言은,
부 전 량 희 량 노 지 언

양쪽이 모두 기뻐할 말이나 양쪽이
모두 성낼 말을 전하는 것은

天下之難者也라.
천 하 지 난 자 야

세상에서 매우 어려운 일이다.

夫兩喜에는,
부 량 희

양쪽이 모두 기뻐하는 데에는

必多溢美之言하고,
필 다 일 미 지 언

반드시 지나치게 찬미하는 말이 많고,

兩怒에는,
양 노

양쪽이 모두 성내는 데에는

必多溢惡之言이라.
필 다 일 오 지 언

반드시 지나치게 미워하는 말이 많다.

凡溢之類妄하니,
범 일 지 류 망

무릇 지나친 것들은 거짓되니,

妄則其信之也莫하고,
망 즉 기 신 지 야 막

거짓되면 믿는 것이 막막해지고,

莫則傳言者殃이라.
막 즉 전 언 자 앙

막막해지면 말을 전하는 자는
화를 입게 된다.

故法言曰하니,
그러므로 격언에서 일컫기를,

傳其常情하고,
'그대로의 실상을 전하고

無傳其溢言하면,
지나친 말을 전하지 않는다면

則幾乎全이라 하니라.
거의 (몸을) 온전히 할 수 있다'
라고 하였다.

且以巧鬪力者는,
또 기교로 힘을 겨루는 자는

始乎陽이나,
좋게 시작하지만

常卒乎陰하고,
항상 나쁘게 끝나고,

泰至則多奇巧라.
너무 지나치면 이상한 기교가
많아진다.

以[38]禮飮酒者는,
예에 따라 술을 마시는 자는

始乎治나,
단속함으로 시작하지만

常卒乎亂하고,
항상 어지러움으로 끝나고,

---

38 이(以) : 동사로, '종(從)'과 같다.

泰至則多奇樂이라.
태 지 즉 다 기 락

너무 지나치면 기이한 쾌락이 많아진다.

凡事亦然하니,
범 사 역 연

모든 일이 역시 그러하니

始乎諒이나,
시 호 량

진실됨으로 시작하지만

常卒乎鄙라.
상 졸 호 비

항상 비루함으로 끝난다.

其作始也簡이나,
기 작 시 야 간

그 시작은 간략하지만

其將畢也必巨니라.
기 장 필 야 필 거

끝날 때에는 반드시 커진다.

言者는,
언 자

말이란 것은

風波也니,
풍 파 야

풍파(風波 : 바람에 이는 물결)이니,[39]

行者는,
행 자

전하는 자는

實喪也라.
실 상 야

잘되기도 하고 잘못되기도 한다.

夫風波易以動하고,
부 풍 파 이 이 동

풍파는 쉽게 흔들리고,

---

[39] 말이란 마음에 따라 좌우되는 것으로, 한결같음을 지니지 못함을 비유한다.

實喪易以危라.
실 상 이 이 위

잘잘못은 쉽게 위태로워진다.

故忿設無由니,
고 분 설 무 유

그러므로 분노가 일어나는 것은 다른 이유가 없으니,

巧言偏辭라.
교 언 편 사

교묘한 말과 치우친 말 때문이다.

獸死不擇音하고,
수 사 불 택 음

짐승이 죽게 되면 울음소리를 가리지 않고

氣息茀然하여,
기 식 발 연

숨소리도 거칠어져

於是竝生心厲이라.
어 시 병 생 심 려

이에 사나운 마음이 아울러 생긴다.

剋核大至면,
극 핵 대 지

다그치고 추궁함이 너무 지나치면

則必有不肖之心應之하고,
즉 필 유 불 초 지 심 응 지

반드시 못된 마음이 생겨 대응하면서,

而不知其然也라.
이 부 지 기 연 야

그것이 그런지도 모른다.

苟爲不知其然也면,
구 위 부 지 기 연 야

만약 그것이 그런지도 모르게 되면,

孰知其所終이리오.
숙 지 기 소 종

누가 그 결과를 알겠는가.

故法言曰하니,
고 법 언 왈

그러므로 격언에서 말하기를,

無遷令하고, 무 천 령	'명령을 바꾸지 말고
無勸成이니, 무 권 성	이루기를 권하지 말 것이니
過度益也라 하니라. 과 도 익 야	정도(程度)를 넘으면 덧붙임이 된다'라고 하였다.
遷令勸成殆事라. 천 령 권 성 태 사	명령을 바꾸고 이루기를 권하면 일을 위태롭게 한다.
美成在久하고, 미 성 재 구	좋은 일이 이루어지는 것은 오랜 기간에 걸치고,
惡成不及改니, 악 성 불 급 개	나쁜 일이 이루어지는 것은 고칠 수가 없으니,
可不愼與아. 가 불 신 여	삼가지 않을 수 있겠는가.
且夫乘物以遊心하고, 차 부 승 물 이 유 심	무릇 사물의 형편에 따라 마음을 노닐도록 하며
託不得已以養中하면, 탁 부 득 이 이 양 중	부득이함에 의탁하여 마음을 수양하면
至矣라. 지 의	지극하게 된다.

何作爲報也리오.
하 작 위 보 야

어찌 조작해서 보고를 할 것인가.

莫若爲致命이니,
막 약 위 치 명

명령을 그대로 전하는 것 만한 것이 없으니

此其難者니라.
차 기 난 자

이것이 바로 어려운 것이다."

| 단락 요지 | 맡은 임무를 잘하려고 의욕을 갖다 보면 도리어 일을 해치니, 있는 그대로를 전하는 것이 가장 좋은 방법이다.

| 한자 풀이 | 靡 쓰러질 미 · 쏠릴 미 · 따를 미, 溢 넘칠 일 · 지나칠 일, 莫 없을 막 · 말 막 · 아득할 막 · 어두울 막 · 저물 모, 殃 재앙 앙, 諒 참 량 · 믿을 량 · 참으로 량, 鄙 더러울 비 · 인색할 비, 茀 제초할 불 · 풀로 막힐 불 · 숨찬 모양 발, 厲 갈 려 · 사나울 려, 剋 이길 극 · 엄할 극, 核 씨 핵 · 궁구할 핵, 肖 닮을 초 · 본받을 초

4. 인간세 19-12

顔闔將傅衛靈公大子하여,
안 합 장 부 위 령 공 태 자

안합(顔闔)[40]이 장차 위 영공(靈公) 태자의 스승으로 가게 되어,

而問於蘧伯玉曰이라.
이 문 어 거 백 옥 왈

거백옥(蘧伯玉)[41]에게 물었다.

---

40 안합(顔闔) : 노(魯)나라의 현인(賢人)이다.

| 有人於此한대,
_{유 인 어 차} | "여기에 어떤 사람이 있는데, |

| 其德天殺이라.
_{기 덕 천 살} | 그는 덕성이 천성적으로 살벌합니다. |

| 與⁴²之爲無方이면,
_{여 지 위 무 방} | 그를 무도한 짓을 하게 놔둔다면 |

| 則危吾國이요,
_{즉 위 오 국} | 나라를 위태롭게 할 것이며, |

| 與之爲有方이면,
_{여 지 위 유 방} | 그를 법도가 있게 한다면 |

| 則危吾身이리라.
_{즉 위 오 신} | 내 몸을 위태롭게 할 것입니다. |

| 其知適足以知人之過요,
_{기 지 적 족 이 지 인 지 과} | 그의 지혜는 다만 남의 잘못을
알 수 있을 뿐 |

| 而不知其所以過라.
_{이 부 지 기 소 이 과} | 그 사람이 잘못한 까닭을 모릅니다. |

| 若然者는,
_{약 연 자} | 그와 같은 자는 |

| 吾奈之何오?
_{오 내 지 하} | 제가 어떻게 해야 합니까?" |

| 蘧伯玉曰이라.
_{거 백 옥 왈} | 거백옥이 대답하였다. |

---

41 거백옥(蘧伯玉) : 위(衛)나라의 대부로, 이름이 원(瑗)이고 자가 백옥(伯玉)이다.
42 여(與) : 사역동사로, '사(使)'와 같은 용법이다.

善哉(선재)라. "훌륭합니다.

問乎(문호)여. 질문이.

戒之愼之(계지신지)하여, 경계하고 삼가

正女身也哉(정여신야재)인저. 그대의 몸을 바르게 해야 합니다.

形莫若就(형막약취)요, 외적인 모습은 (그를) 따르는 것 만한 것이 없고

心莫若和(심막약화)라. 마음은 (그와) 화합하는 것 만한 것이 없습니다.

雖然(수연)이나, 비록 그렇더라도

之二者有患(지이자유환)하니. 이 두 가지에는 염려할 것이 있으니,

就不欲入(취불욕입)하고, 따르면서도 끌려들어 가려 하지 말고,

和不欲出(화불욕출)이라. 화합하면서도 (자신의 덕을) 드러내려 하지 않아야 합니다.

形就而入(형취이입)하면, 외적으로 따르다가 끌려들어 가면

| 且爲顚爲滅하며, | 곧 자빠지고 없어지며 |
| 차 위 전 위 멸 | |

爲崩爲蹶이라.
위 붕 위 궐

무너지고 넘어지게 됩니다.

心和而出하면,
심 화 이 출

마음으로 화합하면서 (덕을) 드러내게 되면

且爲聲爲名하며,
차 위 성 위 명

곧 소문이 나고 명성을 얻으며

爲妖爲孽이라.
위 요 위 얼

요사스러움이 되고 재앙이 됩니다.

彼且爲嬰兒어든,
피 차 위 영 아

그가 장차 아이 노릇을 하거든

亦與之爲嬰兒하고,
역 여 지 위 영 아

또한 그와 더불어 아이 노릇을 하고,

彼且爲無町畦어든,
피 차 위 무 정 휴

그가 장차 기준이 없는 짓을 하거든

亦與之爲無町畦하라.
역 여 지 위 무 정 휴

또한 그와 더불어 기준이 없는 짓을 하시오.

彼且爲無崖어든,
피 차 위 무 애

그가 장차 거리낌 없는 짓을 하면

亦與之爲無崖하라.
역 여 지 위 무 애

또한 그와 더불어 거리낌 없는 짓을 하시오.

達之면,
달 지

그와 통하면

入於無疵리라.
입 어 무 자

허물없는 지경에 들어갈 것입니다."

| 단락 요지 | 태자를 교육함에 있어, 정면으로 바로잡으려 하지 말고 마음을 알아주어 서로 통하기를 기다릴 것을 충고하다.

| 한자 풀이 | 闔 문짝 합·문 닫을 합, 傅 스승 부, 蘧 패랭이꽃 거·놀랄 거, 愼 삼갈 신, 顚 정수리 전·넘어질 전, 崩 무너질 붕, 蹶 넘어질 궐, 妖 아리따울 요·괴이할 요, 孼 서자 얼·재앙 얼, 町 밭두둑 정, 畦 밭두둑 휴, 崖 낭떠러지 애·가 애, 疵 흠 자·허물 자

4. 인간세 19-13

汝不知夫螳蜋乎아.
여 부 지 부 당 랑 호

"그대는 저 사마귀를 모르시오.

怒其臂以當車轍하니,
노 기 비 이 당 거 철

앞발을 치켜들고 수레바퀴에 맞서니,

不知其不勝任也라.
부 지 기 불 승 임 야

자신이 감당할 수 없음을
모르기 때문입니다.

是其才之美者也니,
시 기 재 지 미 자 야

이것은 자신의 재주를 훌륭하게
여기는 것이니,

戒之愼之어다.
계 지 신 지

경계하고 삼갈 일입니다.

績伐而⁴³美者以犯之면,
적 벌 이　　미 자 이 범 지

계속 그대의 훌륭함을 자랑하여
상대방을 범하면

幾矣리라.
기 의

위태롭게 될 것입니다.

汝不知夫養虎者乎아.
여 부 지 부 양 호 자 호

그대는 저 호랑이를 기르는
사람을 모르시오.

不敢以生物與之는,
불 감 이 생 물 여 지

호랑이에게 감히 살아 있는
먹이를 주지 않는 것은,

爲其殺之之怒也며,
위 기 살 지 지 노 야

호랑이가 그것을 죽이려고
성내는 것 때문이며,

不敢以全物與之는,
불 감 이 전 물 여 지

호랑이에게 통째로
주지 않는 것은,

爲其決之之怒也라.
위 기 결 지 지 노 야

호랑이가 그것을 찢으려고
성내는 것 때문입니다.

時其飢飽하고,
시 기 기 포

그 배부름과 굶주림을
때맞춰 살피고

---

43 이(而) : 2인칭대사로, '여(汝)'의 뜻이다.

達其怒心이니라.
달 기 노 심

그 성난 마음을 알아줍니다.

虎之與人異類나,
호 지 여 인 이 류

호랑이는 사람과는 다른 종류인데도

而媚養己者는,
이 미 양 기 자

자기를 기르는 자에게
잘 보이려 하는 것은

順也라.
순 야

(호랑이의 본성을) 따르기
때문입니다.

故其殺之者는,
고 기 살 지 자

그러므로 그것이 기르는 자를
죽이는 것은

逆也라.
역 야

(호랑이의 본성을) 거스르기
때문입니다.

夫愛馬者는,
부 애 마 자

말을 사랑하는 자는

以筐盛矢하고,
이 광 성 시

광주리로 말똥을 담고

以蜄[44]盛溺하나,
이 신 성 뇨

큰 조개로 오줌을 받아 주지만

適有蚊虻僕緣하여,
적 유 문 맹 복 연

마침 모기나 등에가 (말에)
붙어 있거나 기어오른다고

---

44 신(蜄) : 여기서는 큰 조개의 껍데기를 가리킨다.

| 而拊之不時면,
이 부 지 불 시	이것을 때리기를 불시에 하면,
則缺銜毀首碎胸이리라.
즉 결 함 훼 수 쇄 흉	재갈을 끊고 머리 장식을 부수며 가슴걸이를 깨뜨릴 것입니다.
意有所至나,
의 유 소 지	뜻에는 지극한 바 있어도
而愛有所亡[45]이니,
이 애 유 소 망	사랑에 잘못한 것이 있으니
可不愼邪아."
가 불 신 야	어찌 삼가지 않을 수가 있겠습니까."

| 단락 요지 | 사마귀의 무모함을 들어 권력자 앞에서 스승이라고 하여 자신의 덕성이나 학식을 내세우다가 화를 당하는 어리석음을 경고하고, 또 호랑이를 기르고 말을 다루는 비유를 들어 자신의 진정이 왜곡되지 않도록 깨우칠 것을 당부하였다.

| 한자 풀이 | 螳 사마귀 당, 蜋 사마귀 랑, 臂 팔 비, 轍 바퀴자국 철, 愼 삼갈 신, 媚 아첨할 미, 筐 광주리 광, 矢 화살 시·똥 시(屎와 통용), 蜄 대합 신, 溺 빠질 익·오줌 뇨, 蚊 모기 문, 虻 등에 맹(蝱과 같은 자), 僕 마부 복·붙을 복, 拊 어루만질 부·칠 부, 缺 이지러질 결·없어질 결, 銜 재갈 함·물 함·직함 함, 碎 부술 쇄·잘 쇄, 胸 가슴 흉

---

45 망(亡) : '실(失)'과 통하여, '실수', '잘못'의 뜻이다.

4. 인간세 19-14

匠石之齊한대,
장석지제

장석(匠石)**46**이 제나라에 갔는데,

至於曲轅**47**하여,
지어곡원

곡원에 이르러

見櫟**48**社樹라.
견력　사수

상수리나무가 사당 나무로 심어져 있는 것을 보았다.

其大蔽數千牛하고,
기대폐수천우

그 크기는 수천 마리 소를 덮고,

絜之百圍하며,
혈지백위

그것을 재어 보니 (둘레가) 백 위(圍)나 되며.

其高臨山하고,
기고림산

그 높이는 산을 내려다보고

十仞而後有枝라.
십인이후유지

열 길의 높이 위에 가지가 있었다.

其可以爲舟者가,
기가이위주자

그것으로 배를 만들 수 있는 것이

旁十數**49**라.
방십수

거의 수십 척이 되었다.

---

46 장석(匠石) : 고대의 유명한 목수로, 이름이 석(石)이고 자가 백(伯)이다.
47 곡원(曲轅) : 지명이다.
48 력(櫟) : 재목으로 쓸 수 없는 나무로, 가죽나무〔저(樗)〕와 함께 쓸모없는 나무의 대명사로 쓰인다.

觀者如市어늘, _{관 자 여 시}	구경하는 사람들이 저잣거리 같았는데,
匠伯不顧하고, _{장 백 불 고}	목수인 장석(匠石)은 돌아보지 않고
遂行不輟이라. _{수 행 불 철}	그대로 가면서 걸음을 멈추지 않았다.
弟子厭觀之라가, _{제 자 염 관 지}	제자는 그 나무를 실컷 보다가,
走及匠石曰이라. _{주 급 장 석 왈}	뛰어서 장석에게 가서 물었다.
自吾執斧斤以隨夫子로, _{자 오 집 부 근 이 수 부 자}	"제가 도끼를 잡고 선생님을 따른 이래로
未嘗見材如此其美也어늘, _{미 상 견 재 여 차 기 미 야}	일찍이 이처럼 훌륭한 재목을 보지 못했는데,
先生不肯視하시고, _{선 생 불 긍 시}	선생님은 보려고도 하지 않으시고
行不輟하시니, _{행 불 철}	가면서 걸음을 멈추지 않으시니

---

49 旁十數 : '방(旁)'은 '방(方)'과 통하여 '거의'의 뜻이고, '十數'는 "십 단위로 헤아려진다"의 뜻에서 수십을 가리킨다.

何邪잇고?
하 야

어째서입니까?"

曰이라.
왈

장석이 대답하였다.

已矣라.
이 의

"그만두어라.

勿言之矣라.
물 언 지 의

말하지 말라.

散木也니,
산 목 야

쓸모없는 나무이니,

以爲舟則沈하고,
이 위 주 즉 침

배를 만들면 가라앉고,

以爲棺槨則速腐하며,
이 위 관 곽 즉 속 부

널과 덧널을 만들면 빨리 썩으며,

以爲器則速毀하고,
이 위 기 즉 속 훼

그릇을 만들면 쉽게 부서지고,

以爲門戶則液樠하며,
이 위 문 호 즉 액 만

문짝을 만들면 진액이 흐르며,

以爲柱則蠹라.
이 위 주 즉 두

기둥을 만들면 좀먹는다.

是不材之木也니,
시 부 재 지 목 야

이것은 재목이 되지 못하는 나무이니,

無所可用이라,
무 소 가 용

쓸 만한 데가 없어서

故能若是之壽니라.
고 능 약 시 지 수

이와 같은 수명을 누릴 수 있었던 것이다."

| 단락 요지 | '쓸모없음의 쓸모〔무용지용(無用之用), 즉 대용(大用)〕'를 말하기 위하여 역수(櫟樹)를 예로 든 도입부이다.
| 한자 풀이 | 轅 끌채 원, 櫟 상수리나무 력, 蔽 덮을 폐, 絜 헤아릴 혈·잴 혈, 仞 길 인, 輟 그칠 철, 厭 싫어할 염·물릴 염, 槨 덧널 곽, 液 즙 액·진 액·담글 석, 樠 흑단 만·진 흐를 만, 蠹 좀 두

4. 인간세 19-15

匠石歸한대,
장 석 귀

장석이 돌아왔는데,

櫟社見夢曰이라.
역 사 현 몽 왈

사당 나무가 꿈에 나타나 말하였다.

女將惡乎比予哉아?
여 장 오 호 비 여 재

"너는 장차 어디에 나를
비교하려 하느냐?

若將比予於文木邪아?
약 장 비 여 어 문 목 야

너는 장차 문채 나는 나무에 나를
비교하려 하느냐?

夫柤梨橘柚는,
부 사 리 귤 유

아가위·배·귤·유자나무는

果蓏之屬으로,
과 라 지 속

열매를 맺는 것들로

實熟則剝하니,
실 숙 즉 박

열매가 익으면 따내어지니,

剝則辱이라.
_{박 즉 욕}

따내어지는 것은 모욕을
당하는 것이다.

大枝折하고,
_{대 지 절}

큰 가지는 꺾이고

小枝泄⁵⁰니,
_{소 지 예}

작은 가지는 당겨지니

此以其能苦其生者也라.
_{차 이 기 능 고 기 생 자 야}

이들은 자신의 훌륭함으로 자신의
삶을 고통스럽게 하는 것들이다.

故不終其天年하고,
_{고 부 종 기 천 년}

그러므로 자신의 천수를
마치지 못하고

而中道夭하니,
_{이 중 도 요}

중도에 요절하니,

自掊擊於世俗者也라.
_{자 부 격 어 세 속 자 야}

스스로를 세속으로부터
당하게 하는 것이다.

物莫不若是어늘,
_{물 막 불 약 시}

만물이 이와 같지 않은 것이 없는데,

且⁵¹予求無所可用久矣라.
_{차 여 구 무 소 가 용 구 의}

오히려 나는 쓸모없기를
추구한 지가 오래되었다.

---

50 예(泄) : '예(拽)'와 통하여, '끌다', '당기다'의 뜻이다.
51 차(且) : '유차(猶且)'와 마찬가지로, '그럼에도 불구하고', '오히려'의 뜻이다.

幾死라가,
기 사

거의 죽을 뻔했다가

乃今得之하여,
내 금 득 지

이제야 그것[52]을 얻어

爲予大用이라.
위 여 대 용

나의 대용(大用)으로 삼은 것이다.

使予也而有用이런들,
사 여 야 이 유 용

가령 나 같은 나무가
쓸모가 있었다면,

且得有此大也邪아.
차 득 유 차 대 야 야

또한 이렇게 클 수 있었겠는가.

且也若與予也皆物也어늘,
차 야 약 여 여 야 개 물 야

더구나 너와 나는 모두가 사물인데,[53]

奈何哉其相物[54]也아?
내 하 재 기 상 물 야

어찌하여 나를 평하는가?

而幾死之散人이니,
이 기 사 지 산 인

너는 거의 죽게 된 산인(散人)이니

又惡知散木이리오.
우 오 지 산 목

어떻게 산목(散木)을 알아볼 수
있겠느냐."

匠石覺而診其夢하니,
장 석 교 이 진 기 몽

목수 석이 깨어 그 꿈을 이야기하자,

---

52 '무소가용(無所可用)'의 경지를 가리킨다.
53 모두가 만물 가운데 하나라는 뜻이다.
54 상물(相物) : 동빈구조(動賓構造)로, '相'은 '관상보다'라는 뜻이고, '物'은 상대인 나를 가리킨다.

弟子曰이라.
제자왈

제자가 말하였다.

趣取無用이어늘,
취취무용

"뜻으로는 쓸모없기를 취하면서

則爲社何邪오?
즉위사하야

사당 나무가 된 것은 어째서일까요?"

曰이라.
왈

목수 석이 말하였다.

密하라.
밀

"조용해라.

若無言하라.
약무언

너는 말하지 마라.

彼亦直寄焉이어니,
피역직기언

그것은 또한 단지 사당에 의탁한 것일 뿐이니,

以爲不知己者詬厲也라.
이위부지기자후려야

(그렇게 말한다면) 자기를 알아주지 못하는 자에게 허물을 당하는 것으로 여길 것이다.

不爲社者라도,
불위사자

사당나무가 되지 않았더라도

且幾[55]有翦乎리오.
차기 유전호

또한 어찌 베어짐이 있었겠는가.

---

55 기(幾) : '기(豈)'와 통하여, '어찌'의 뜻이다.

且也彼其所保與衆異하니,
차 야 피 기 소 보 여 중 이

더구나 그 나무가 지니고 있는 것은 보통의 것들과는 다르니,

而以義喩之면,
이 이 의 유 지

뜻으로 깨닫고자 한다면,

不亦遠乎아.
불 역 원 호

또한 너무 차이나지 않겠는가."

| 단락 요지 | 역수(櫟樹)가 크게 자라고 오래 살 수 있었던 것은 쓸모가 없어서 사람들로부터 피해를 입지 않았기 때문이다. 바로 '쓸모없음의 쓸모〔무용지용(無用之用)〕'의 예이다.

| 한자 풀이 | 柤 난간 사 · 아가위나무 사 · 도마 조(俎와 통용), 橘 귤나무 귤, 柚 유자나무 유, 菰 풀 열매 라, 剝 벗길 박 · 깎을 박 · 찢을 박, 泄 샐 설 · 끌 예, 掊 헤칠 부 · 칠 부, 診 볼 진 · 증거 진 · 점칠 진 · 고(告)할 진, 詬 꾸짖을 후, 厲 갈 려 · 괴롭힐 려, 翦 자를 전

4. 인간세 19-16

南伯子綦遊乎商之丘라가,
남 백 자 기 유 호 상 지 구

남백자기(南伯子綦)[56]가 상(商)의 언덕을 노닐다가

見大木焉한대,
견 대 목 언

거기에서 큰 나무를 보았는데,

---

56 남백자기(南伯子綦) : 「제물론」에 보이는 남곽자기로, 장자가 가탁한 인물이다.

有異라.
유 이

結駟[57]千乘이,
결 사 천 승

隱將芘其所藾라.
은 장 비 기 소 뢰

子綦曰이라.
자 기 왈

此何木也哉아?
차 하 목 야 재

此必有異材夫인저.
차 필 유 이 재 부

仰而視其細枝하니,
앙 이 시 기 세 지

則拳曲而不可以爲棟梁하고,
즉 권 곡 이 불 가 이 위 동 량

俯而視其大根하니,
부 이 시 기 대 근

則軸解而不可以爲棺槨이라.
즉 축 해 이 불 가 이 위 관 곽

특이한 점이 있었다.

네 필의 말을 맨 수레 천 대가

가려지는 것이 거의 그 나무가 덮는 데에서 가려질 정도였다.

남백자기가 말하였다.

"이게 무슨 나무일까?

이것은 반드시 특별한 재목감이 있을 것이다."

머리를 들어 작은 가지를 보니

구불구불하여 마룻대나 들보를 만들 수 없고,

머리를 숙여 큰 밑둥을 보니

나무 심이 갈라져 널이나 덧널을 만들 수 없었다.

---

57 결사(結駟) : 네 필의 말을 맨 수레, 또는 그런 수레를 타는 높은 사람을 가리킨다.

舐其葉하니,
그 잎사귀를 핥아 보니

則口爛而爲傷하고,
입이 헐어 상처가 났고,

嗅之하니,
냄새를 맡아 보니

則使人狂酲하여,
사람을 심히 어지럽게 만들어

三日而不已라.
사흘이 지나도 그치지 않았다.

子綦曰이라.
남백자기가 말하였다.

此果不材之木也니,
"이것은 과연 재목감이 되지 못하는 나무라서,

以至於此其大也라.
이렇게까지 크게 되었구나.

嗟乎神人은,
아아, 신인(神人)은

以此不材로다.
이렇게 재목이 되지 못하는
이치를 이용하는구나."

| 단락 요지 | 윗 단락과 마찬가지로 쓸모없음의 쓸모를 말하기 위하여 대목(大木)의 비유를 들었다. 즉 재목감이 되지 못하는 것이 큰 재목이 됨을 설명한 내용이다.

| 한자 풀이 | 隱 숨을 은 · 숨길 은 · 가릴 은, 駟 사마 사, 芘 풀이름

비 · 가릴 비(庇와 같은 자), 籟 맑은 대쑥 뢰 · 덮을 뢰, 拳 주먹 권 · 굽을 권, 棟 마룻대 동, 樑 들보 량, 軸 굴대 축 · 중심 축, 舐 핥을 지(舐와 같은 자), 爛 문드러질 란 · 헐 란, 嗅 냄새 맡을 후, 酲 숙취 정

4. 인간세 19-17

宋有荊氏[58]者한대,
송 유 형 지 자

송나라에 형지(荊氏)라는 곳이 있는데,

宜楸柏桑이라.
의 추 백 상

가래나무 · 잣나무 · 뽕나무가 잘 자랐다.

其拱把[59]而上者는,
기 공 파 이 상 자

그것들이 한두 줌 이상이 되는 것은

求狙猴之杙者斬之하고,
구 저 후 지 익 자 참 지

원숭이 매는 말뚝을 찾는 자가 베어 가고,

三圍四圍는,
삼 위 사 위

3, 4위(圍)가 되는 것은

求高名之麗者斬之하며,
구 고 명 지 려 자 참 지

높고 큰 집의 마룻대를 찾는 자가 베어 가며,

---

58 형지(荊氏) : 지명이다.
59 공파(拱把) : '공(拱)'은 두 손의 엄지와 검지를 둥글게 모은 길이로 '위(圍)'와 같고, '파(把)'는 한 손으로 움켜쥔 길이이다.

七圍八圍는,	7, 8위(圍)가 되는 것은
貴人富商之家에,	귀인이나 부유한 장사꾼의 집에서
求樿傍⁶⁰者斬之라.	널감을 찾는 자가 베어 간다.
故未終其天年하고,	그러므로 천수를 다하지 못하고
而中道之⁶¹夭於斧斤하니,	중도에서 도끼에 의해 죽게 되니,
此材之患也라.	이것이 재목의 근심이다.
故解⁶²之⁶³에,	그러므로 푸닥거리를 할 때에
以牛之白顙者와,	소 가운데 이마가 흰 놈과,
與豚之亢鼻者와,	돼지 가운데 코가 위로 향한 놈과,
與人有痔病者는,	사람 중에 치질이 있는 자로는

---

60 전방(樿傍) : 널의 좌우에 대는 통판의 목재를 가리킨다.
61 지(之) : 연사로, '이(而)'의 용법이다.
62 해(解) : 신(神)에게 제사를 지내 재앙을 없애는 행위로, 뒤에는 주로 '해제(解除)'로 썼다.
63 지(之) : 앞 글자를 동사화(動詞化)시키는 기능이다.

不可以適河라.
불가이적하

此皆巫祝以⁶⁴知之矣로,
차개무축이 지지의

所以爲不祥也나,
소이위불상야

此乃神人之所以爲大祥也라.
차내신인지소이위대상야

황하에 (제물로) 던질 수 없다.

이는 모두 제사를 주관하는 자들이 잘 아는 것으로,

상서롭지 못하다고 여기는 것이나,

이것이 바로 신인(神人)이 가장 상서롭게 여기는 것이다.

| 단락 요지 | 쓸모 있음으로 인하여 피해를 당하고 쓸모없음으로 인하여 자신을 보존하는 예를 들면서, 세속에서 상서롭지 못하다고 여기는 것[불상(不祥)]들이 신인에게는 가장 상서로운 것[대상(大祥)]이라고 강조하고 있다.

| 한자 풀이 | 荊 가시나무 형·땅 이름 형, 氏 씨 씨·나라 이름 지, 楸 가래나무 추, 拱 두 손 맞잡을 공, 把 잡을 파·한 줌 파, 狙 원숭이 저, 猴 원숭이 후, 杙 말뚝 익, 麗 고울 려·마룻대 려(欐와 통용), 樿 회양목 전·회양목 선·널감 전·널감 선, 解 풀 해·(재앙을) 없앨 해, 顙 이마 상, 亢 목 항·오를 항, 痔 치질 치, 祥 복 상·재앙 상·조짐 상

---

64 이(以) : '이(已)'와 통하여, '잘', '너무'의 뜻이다.

4. 인간세 19-18

支離疏者는,
지 리 소 자

頤隱於臍하고,
이 은 어 제

肩高於頂하며,
견 고 어 정

會撮[66]指天하고,
괄 촬   지 천

五管在上하며,
오 관 재 상

兩髀爲脇이라.
양 비 위 협

挫鍼治繲하여,
좌 침 치 해

足以餬口하고,
족 이 호 구

鼓筴播精하여,
고 책 파 정

지리소(支離疏)[65]라는 사람은

턱이 배꼽에 숨어 있고

어깨가 정수리보다 높으며

상투는 하늘을 가리키고

오장(五臟)은 위에 있으며

두 넓적다리가 겨드랑이가 된 자이다.

(그러나) 바느질을 하고 헌옷을 빨아

생계를 꾸려 갈 수가 있었고,

키질을 하여 정미(精米)를 까불어

---

[65] 지리소(支離疏) : 장자가 가탁해 낸 인물로, 사지(四肢)가 제대로 갖추어지지 못했다는 뜻에서 곱추를 가리킨다.
[66] 괄촬(會撮) : 상투, 또는 목뼈를 가리킨다. 여기서는 '상투'의 뜻을 취했다.

| 足以食十人이라. | 열 식구를 먹여 살릴 수 있었다. |
| 상 이 식 십 인 | |

上徵武士라도,
상 징 무 사

나라에서 병사를 징집해도

則支離攘臂하고,
즉 지 리 양 비

지리소는 팔을 걷어 올리고

而遊於其間이라.
이 유 어 기 간

그 사이를 돌아다닌다.

上有大役이라도,
상 유 대 역

나라에 큰 부역이 있어도

則支離以有常疾不受功이라.
즉 지 리 이 유 상 질 불 수 공

지리소는 항상 지닌 병이 있다는 이유로 일을 받지 않는다.

上與病者粟에,
상 여 병 자 속

나라에서 병자에게 곡식을 내릴 때에는

則受三鍾與十束薪이라.
즉 수 삼 종 여 십 속 신

세 종(鍾)[67]의 곡식과 열 묶음의 땔감을 받는다.

夫支離其形者도,
부 지 리 기 형 자

그 몸을 불구로 한 자도

猶足以養其身하고,
유 족 이 양 기 신

오히려 몸을 보양하고

---

67 종(鍾) : 용량의 단위로, 6곡(斛) 4두(斗)를 가리킨다(1곡(斛)은 10두이니, 1종은 64두이다).

終其天年이어늘,   천수를 다할 수 있는데

又況支離其德者乎아.   하물며 그 덕을 불구로 한
_{우 황 지 리 기 덕 자 호}   자[68]이겠는가.

| 단락 요지 | 불구자가 생명을 온전히 할 수 있듯이, 잘난 체하면서 덕을 내세우는 짓을 하지 않는 겸손함이 자신을 온전히 할 수 있음을 가리킨다.
| 한자 풀이 | 頤 턱 이, 臍 배꼽 제, 頂 쥐독 정·꼭대기 정, 會 모일 회·목뼈 괄, 撮 취할 촬·모을 촬, 管 관 관·붓대 관·맡을 관, 髀 넓적다리 비, 脇 겨드랑이 협(脅과 같은 자), 挫 꺾을 좌·묶을 좌, 鍼 침 침·바늘 침, 綷 헌옷 해, 餬 죽 호·풀칠할 호, 筴 낄 협·점대 책·작은 키 책, 播 뿌릴 파·까불 파(簸와 같은 자), 徵 부를 징·구할 징·증거 징, 攘 물리칠 양·걷을 양, 鍾 술병 종·되 이름 종·모을 종·쇠북 종(鐘과 통용), 薪 섶나무 신

4. 인간세 19-19

孔子適楚한대,   공자가 초나라에 갔는데,

楚狂接輿가,   초나라의 기인(奇人) 접여가

遊其門曰이라.   (공자가 묵는 집의) 문에서
          서성이며 노래하였다.

---

68 자신의 덕이 온전하지 못하다고 여기는 자를 가리킨다.

鳳兮鳳兮여,
봉 혜 봉 혜

"봉이여, 봉이여,

何如德之衰也오.
하 여 덕 지 쇠 야

어찌하여 덕이 쇠했는가.

來世不可待요,
내 세 불 가 대

오는 세상은 기대할 수 없고,

往世不可追也라.
왕 세 불 가 추 야

지난 세상은 좇을 수 없다.

天下有道면,
천 하 유 도

천하에 도가 있으면

聖人成焉이나,
성 인 성 언

성인은 그것을 이루지만,

天下無道면,
천 하 무 도

천하에 도가 없으면

聖人生焉이라.
성 인 생 언

성인은 살아갈 뿐이다.

方今之時는,
방 금 지 시

지금 세상에서는

僅免刑焉이라.
근 면 형 언

겨우 형벌이나 면할 것이다.

福輕乎羽어늘,
복 경 호 우

복은 깃털보다 가벼운데도

莫之知載하고,
막 지 지 재

그것을 실어 지닐 줄 아는 이가 없고,

禍重乎地어늘,
화 중 호 지

화는 땅보다 무거운데도

莫之知避로다. _{막 지 지 피}	그것을 피할 줄 아는 이가 없구나.
已乎已乎니, _{이 호 이 호}	그만두고 그만둘 것이니,
臨人以德을. _{임 인 이 덕}	덕으로 사람을 대하는 짓을.
殆乎殆乎니, _{태 호 태 호}	위태롭고 위태로우니,
畫地而趨로다. _{획 지 이 추}	땅에 선을 긋고 따르는구나.[69]
迷陽[70]迷陽이여, _{미 양 미 양}	가시나무여 가시나무여,
無傷吾行하라. _{무 상 오 행}	내 가는 길을 해치지 마라.
吾行郤曲[71]이니, _{오 행 극 곡}	내 가는 길은 구불구불하니
無傷吾足하라. _{무 상 오 족}	내 발을 다치게 하지 마라.
山木自寇也오, _{산 목 자 구 야}	산의 나무는 스스로를 해치게 하고,
膏火自煎也라. _{고 화 자 전 야}	등불은 스스로를 타게 한다.

---

69 인위적인 규범을 만들어 사람들을 구속하는 것을 가리킨다.
70 미양(迷陽) : 가시나무〔형극(荊棘)〕를 가리킨다.
71 극곡(郤曲) : 길이 구불구불한 것을 가리킨다.

桂可食하여,	계수나무는 먹을 수 있어
계 가 식	
故伐之하고,	그 때문에 베어지고,
고 벌 지	
漆可用하여,	옻은 쓸 만하여
칠 가 용	
故割之라.	그 때문에 갈라진다.
고 할 지	
人皆知有用之用이나,	사람들은 모두 쓸모 있음의 쓸모는 알지만
인 개 지 유 용 지 용	
而莫知無用之用也로다.	쓸모없음의 쓸모를 아는 이가 없구나."
이 막 지 무 용 지 용 야	

| 단락 요지 | 혼란한 세상에서 쓸모를 추구하는 공자를 비판하면서, 쓸모 있음으로 인하여 피해를 입는 여러 가지 예를 들어 쓸모없음의 쓸모를 다시 강조하였다.

| 한자 풀이 | 載 실을 재·탈 재·비로소 재·책 재, 趣 달릴 추, 郤 고을 이름 극·틈 극, 寇 도적 구·해칠 구, 膏 기름 고·기름질 고, 煎 달일 전·졸일 전, 割 가를 할·빼앗을 할

5. 덕이 충만하여 드러나다
〔덕충부(德充符)〕

「덕충부(德充符)」는 내면의 덕이 충만하여 외적으로 발현되는 예를 통하여 덕의 가치를 강조한 내용이다. 덕이 충만된 상태가 '충(充)'이며, 현실에 적용되고 부합되는 것이 '부(符)'이다. 덕(德)은 '세속적 가치를 초월한 마음 상태'로, 형체(形體), 피아(彼我), 생사(生死) 등의 구별을 넘어서는 '형체의 초월〔망형(忘形)〕'과 귀천(貴賤), 호오(好惡), 시비(是非) 등에서 벗어나는 '감정의 초월〔망정(忘情)〕'을 포함한다.

장자는 이런 경지에 이른 사람들로 몸은 불구이지만 덕이 뛰어난 자들인 왕태(王駘), 신도가(申徒嘉), 숙산무지(叔山無趾), 애태타(哀駘它) 등의 예를 들어 우언화(寓言化)함으로써, '덕충부'의 본질을 생동감 있게 부각시키고 있다.

5. 덕충부 12-1

魯有兀者王駘러니,
노 유 올 자 왕 태

노나라에 올자(兀者)[1]인 왕태(王駘)[2]라는 이가 있었는데,

從之遊者가,
종 지 유 자

그를 좇아 배우는 자들이

與仲尼相若이라.
여 중 니 상 약

공자와 비슷하였다.

常季問於仲尼曰이라.
상 계 문 어 중 니 왈

상계(常季)[3]가 공자에게 물었다.

王駘兀者也어늘,
왕 태 올 자 야

"왕태는 올자인데도

從之遊者가,
종 지 유 자

그를 좇아 배우는 자가

與夫子中分魯니이다.
여 부 자 중 분 로

선생님과 노나라를 양분하고 있습니다.

立不教하고,
입 불 교

서서는 가르치는 것도 아니고

坐不議어늘,
좌 불 의

앉아서는 토론하는 것도 아닌데,

---

1 올자(兀者) : 발꿈치를 베는 형벌〔월형(刖刑)〕을 받은 사람이다.
2 왕태(王駘) : 장자가 설정한 허구적 인물이다.
3 상계(常季) : 노나라의 현인(賢人)으로, 공자의 제자이다.

虛而往이라가,
비어서 갔다가

實而歸니이다.
채워서 돌아옵니다.

固有不言之敎하니,
본래 말로 하지 않는 가르침이 있으니[4]

無形而心成者邪아?
드러냄이 없이 마음이 이루어진 자입니까?

是何人也오?
그는 어떤 사람입니까?"

仲尼曰이라.
공자가 대답하였다.

夫子聖人也니,
"그분은 성인인데

丘也直後[5]而未往耳라.
나는 다만 뒤처져서 아직 찾아가지 못했을 뿐이다.

丘將以爲師어늘,
내가 장차 그를 스승으로 삼으려 하는데

---

4 『노자』 제2장에, "성인(聖人)은 작위(作爲)함이 없는 일을 처리하고, 말로 하지 않는 가르침을 행한다(聖人處無爲之事, 行不言之敎)"라고 하였다.
5 후(後) : 그를 찾아가는 것이 남들보다 늦었다는 의미이다.

而況不若丘者乎아.
이 황 불 약 구 자 호

奚假⁶魯國이리오.
해 가 노 국

丘將引天下하여,
구 장 인 천 하

而與從之리라.
이 여 종 지

常季曰이라.
상 계 왈

彼兀者也어늘,
피 올 자 야

而王⁷先生하면,
이 왕 선 생

其與庸亦遠矣이리이다.
기 여 용 역 원 의

若然者는,
약 연 자

其用心也獨若之何오?
기 용 심 야 독 약 지 하

仲尼曰이라.
중 니 왈

하물며 나보다 못한 자이겠는가.

어찌 노나라에만 그치겠는가.

나는 장차 천하 사람들을 이끌고

함께 그를 따를 것이다."

상계가 물었다.

"그는 올자인데도,

선생님보다 훌륭하다면,

아마 보통 사람들과는 많이
차이가 나겠습니다.

그와 같은 자는

그 마음 씀씀이가 대체 어떤가요?"

공자가 대답하였다.

---

6 가(假) : '지(止)'와 통하여, '그치다'의 의미이다.
7 왕(王) : '왕(旺)'과 통하여, '왕성하다', '훌륭하다'의 의미이다.

死生亦大矣어늘,
사 생 역 대 의

"죽고 사는 문제는 큰 것인데

而不得與[8]之變하고,
이 부 득 여 지 변

그로 하여금 변하게 할 수 없고

雖天地覆墜라도,
수 천 지 복 추

비록 하늘과 땅이 뒤집히고 무너진다 해도

亦將不與之遺라.
역 장 불 여 지 유

또한 그로 하여금 버려지게 하지 못할 것이다.

審乎無假하고,
심 호 무 가

거짓 없는 이치를 살피고

而不與物遷하며,
이 불 여 물 천

상대를 따라 바뀌지 않으며,

命物之化하여,
명 물 지 화

사물의 변화를 운명으로 여기고

而守其宗也라.
이 수 기 종 야

그 본질〔도(道)〕을 지킨다."

常季曰이라.
상 계 왈

상계가 물었다.

何謂也오?
하 위 야

"무엇을 말씀하시는 겁니까?"

仲尼曰이라.
중 니 왈

공자가 대답하였다.

---

8 여(與) : 사역동사로, '사(使)'와 같은 용법이다.

| 自其異者視之면, | "다르다는 점에서 본다면 |
| 자 기 이 자 시 지 | |

肝膽楚越也어니와, 간과 쓸개도 초나라와
간 담 초 월 야   월나라의 거리이지만,

自其同者視之면,   같다는 점에서 본다면
자 기 동 자 시 지

萬物皆一也라.   만물은 모두 하나이다.
만 물 개 일 야

夫若然者는,   그와 같은 자는
부 약 연 자

且不知耳目之所宜하고, 또한 귀와 눈에 맞는 바를
차 부 지 이 목 지 소 의   알지 못하고[9]

而遊心乎德之和하며,   덕의 조화에 마음을 노닐며
이 유 심 호 덕 지 화

物視其所一하고,   만물에 대해 그것이
물 시 기 소 일   하나인 바를 보고

而不見其所喪하니, 자신이 발을 잃은 것을 알지 못하니,
이 불 견 기 소 상

視喪其足을,   자기 발을 잃은 것 보기를
시 상 기 족

---

[9] '부지(不知)'는 '망(忘)'의 뜻으로 이목(耳目) 등의 지각을 초월한 상태를 가리킨다.

猶遺土也라.
유 유 토 야

마치 흙덩어리를 버린 듯이 하였다."

| 단락 요지 | 다리가 하나 없지만 덕이 갖추어진 왕태(王駘)는 차별과 한계를 초월한 지인(至人)이다. 그 때문에 사람들은 앞 다투어 찾아가 그에게 가르침을 받는 것이다.

| 한자 풀이 | 兀 우뚝할 올·발꿈치 벨 올, 駘 둔마 태·어리석을 태, 假 빌릴 가·용서할 가·거짓 가·잠시 가·그칠 가·멀 하(遐와 통용) 이를 격(格과 같은 자), 覆 엎어질 복·덮을 부, 墜 떨어질 추, 遺 남을 유·빠질 유·버릴 유, 審 살필 심·깨달을 심·자세할 심·돌 반

5. 덕충부 12-2

常季曰이라.
상 계 왈

상계가 물었다.

彼爲己以其知하고,
피 위 기 이 기 지

"그는 자신의 지식으로 자신을 수양하였고[10]

得其心以其心이라.
득 기 심 이 기 심

자신의 마음으로 자신의 마음을 체득하였습니다.[11]

---

10 '지(知)를 추구함〔용지(用知)〕'을 가리킨다.
11 '마음을 버리지 못함〔용심(用心)〕'을 가리킨다.

得其常心^{12}이어늘,
득 기 상 심

고정된 마음〔상심(常心)〕을 얻은 자인데,^{13}

物何爲最^{14}之哉오?"
물 하 위 최 지 재

남들이 무엇 때문에 그에게 모여드는 것일까요?"

仲尼曰이라.
중 니 왈

공자가 대답하였다.

人莫鑑於流水하고,
인 막 감 어 류 수

"사람은 흐르는 물에는 비춰 보지 못하고,

而鑑於止水하니,
이 감 어 지 수

멈추어 있는 물〔지수(止水)〕에 비춰 보니

唯止能止하여,
유 지 능 지

오직 멈추어 있는 것만이 제대로 멈출 수 있어

衆止라.
중 지

모든 것이 와서 멈춘다.^{15}

受命於地에,
수 명 어 지

땅에서 목숨을 받은 것 가운데

---

12 위의 세 구절은 "그는 자신을 수양함에, 자신의 지식으로 자신의 마음을 체득하였고 자신의 마음으로 고정된 마음을 얻은 자입니다(彼爲己, 以其知得其心, 以其心得其常心)"로 보기도 하는데(진고응, 앞의 책, p.160), 의미는 비슷하다.
13 『노자』 제49장에, "성인(聖人)에게는 상심(常心)이 없다(聖人無常心)"라고 하였다.
14 최(最) : '취(聚)'의 뜻이다.
15 자신을 비춰 보려면 역시 멈출 수밖에 없다.

唯松柏獨也正하여,
유 송 백 독 야 정

소나무와 잣나무만이 홀로 반듯하여

在冬夏靑靑이라.
재 동 하 청 청

겨울이나 여름이나 푸르고 푸르다.

受命於天에,
수 명 어 천

하늘에서 목숨을 받은 것 가운데

唯堯舜獨也正하여,
유 요 순 독 야 정

오직 요임금과 순임금만이
홀로 반듯하여

在萬物之首[16]하고,
재 만 물 지 수

뭇사람의 우두머리에 위치하고,

幸能正生하여,
행 능 정 생

다행히 삶을 바르게 할 수 있었기에

而正衆生이라.
이 정 중 생

뭇사람의 삶을 바로잡아 주었다.

夫保始之徵이,
부 보 시 지 징

처음을 유지하는 증거가

不懼之實이라.
불 구 지 실

두려워하지 않음의 실상이다.[17]

勇士一人이,
용 사 일 인

용사 한 사람이

---

16 "唯松柏獨也正"에서 이 구절까지에는 판본에 따라 글자에 출입이 있는데, 곽경번의 『장자집석』 교감본의 교감(p.196)에 따랐다.
17 다음의 예에서 보이듯이, 처음부터 용맹스러웠던 사람만이 실제 상황에서도 끝까지 그 용맹을 간직할 수 있음을 가리킨다.

雄入於九軍하니,
웅 입 어 구 군

군세게 적의 대군(大軍) 속으로 돌진하니,

將求名而能自要者도,
장 구 명 이 능 자 요 자

장차 명예를 얻고자 하여 스스로 추구하는 자도

而猶若是어늘,
이 유 약 시

오히려 이와 같은데,

而況官天地하고,
이 황 관 천 지

하물며 천지를 주관하고

府萬物하며,
부 만 물

만물을 굽어 보며

直寓六骸하고,
직 우 육 해

육신을 다만 임시 머무는 곳으로 삼고

象耳目하며,
상 이 목

귀와 눈을 자취로 여기며,[18]

一知之所知하여,
일 지 지 소 지

지식으로 아는 것을 같게 여겨[19]

而心未嘗死者乎아.
이 심 미 상 사 자 호

마음이 아예 죽지 않는 자이겠는가.[20]

---

18 이목(耳目)의 작용을 초월한 것을 가리킨다.
19 지식(知識)을 초월한 것을 가리킨다.
20 왕태는 처음부터 덕을 갖춘 자였기 때문에 현실에서 그것을 끝까지 유지할 수 있었음을 가리킨다.

彼且擇日而登假²¹리니,
피 차 택 일 이 등 하

그는 장차 날을 택하여
고원함(도)에 오르리니,

人則從是也어니와,
인 즉 종 시 야

남들이 그를 좇는 것이지,

彼且何肎以物爲事乎리오."
피 차 하 긍 이 물 위 사 호

그가 어찌 그들로 일을 삼겠는가."

| 단락 요지 | 올자인 왕태는 덕이 갖추어져 있어 말 없는 가르침을 베푼다. 따라서 많은 사람들이 자발적으로 찾아가 가르침을 구하는 것이다.
| 한자 풀이 | 最 가장 최·모두 최·모일 최, 鑑 거울 감·비추어 볼 감, 徵 부를 징·증거 징, 懼 두려워할 구·으를 구, 雄 수컷 웅·굳셀 웅·뛰어날 웅, 府 곳집 부·도읍 부·구부릴 부, 寓 붙어 살 우·부칠 우·맡길 우, 骸 뼈 해·해골 해

5. 덕충부 12-3

申徒嘉兀者也러니,
신 도 가 올 자 야

신도가(申徒嘉)는 올자인데

而與鄭子產으로,
이 여 정 자 산

정자산(鄭子產)²²과 더불어

---

21 하(假): '하(遐)'와 통하여, '멀다'의 의미이다.
22 정자산(鄭子產): 정나라의 재상을 역임하면서 선정(善政)을 베푼 인물로, 성은 공손(公孫)이고 이름이 교(僑)이다. 자산(子產)은 그의 자이다.

同師於伯昏無人이라.
동 사 어 백 혼 무 인

함께 백혼무인(伯昏無人)[23]을
스승 삼았다.

子産謂申徒嘉曰이라.
자 산 위 신 도 가 왈

자산이 신도가에게 말하였다.

我先出則子止하고,
아 선 출 즉 자 지

"내가 먼저 나가면 자네는
남아 있고,

子先出則我止리라.
자 선 출 즉 아 지

자네가 먼저 나가면 내가
남아 있겠네."[24]

其明日에,
기 명 일

그 이튿날,

又與合堂同席而坐라.
우 여 합 당 동 석 이 좌

다시 함께 방에서 만나 자리를
같이하여 앉게 되었다.

子産謂申徒嘉曰이라.
자 산 위 신 도 가 왈

자산이 신도가에게 말하였다.

我先出則子止하고,
아 선 출 즉 자 지

"내가 먼저 나가면 자네는
남아 있고,

子先出則我止리라.
자 선 출 즉 아 지

자네가 먼저 나가면 내가
남아 있겠네.

---

23 백혼무인(伯昏無人) : 장자가 설정한 가공의 인물이다.
24 올자(兀者)와 함께 나가는 것을 수치로 여긴 것이다.

今我將出이어니,
_{금 아 장 출}

子可以止乎아,
_{자 가 이 지 호}

其²⁵未邪아?
_{기   미 야}

且子見執政²⁶而不違하니,
_{차 자 견 집 정   이 불 위}

子齊執政乎아?
_{자 제 집 정 호}

申徒嘉曰이라.
_{신 도 가 왈}

先生之門에,
_{선 생 지 문}

固有執政焉如此哉오?
_{고 유 집 정 언 여 차 재}

子而²⁷說子之執政하여,
_{자 이   열 자 지 집 정}

지금 내가 나가려 하는데

자네는 남아 있을 수 있겠는가,

아니면 그렇지 않은가?

또 자네는 재상을 보고도
피하지 않으니,

자네는 재상과 동등하다고
여기는가?"

신도가가 대답하였다.

"선생님의 문하에

진실로 이와 같은 재상이
있었습니까?

그대는 (재상이라고) 자신이
재상임을 좋아하여

---

25 기(其) : 반어사로, '억(抑)'과 같다.
26 집정(執政) : 나라의 정사를 관장하는 사람으로, 재상(宰相)을 가리킨다.
27 이(而) : 연사로, 앞의 단어[자(子)]를 술어로 만들어 준다. 따라서 '자(子)'는 '그대가 재상이라고'의 뜻이 된다.

而後人者也라.
이후인자야

남을 얕보는 자입니다.

聞之曰이라.
문지왈

나는 이런 말을 들었습니다.

鑑明則塵垢不止하고,
감명즉진구부지

'거울이 맑으면 먼지가 앉지 않고,

止則不明也라.
지즉불명야

먼지가 앉으면 맑지 않다.

久與賢人處則無過라.
구여현인처즉무과

오랫동안 현인과 함께 있으면
허물이 없어진다'고 하였습니다.

今子之所取大者는,
금자지소취대자

지금 그대가 큰 것[德(덕)]을
얻고자 하는 대상은

先生也어늘,
선생야

선생님인데,

而猶出言若是하니,
이유출언약시

오히려 말하는 것이 이와 같으니

不亦過乎아.
불역과호

또한 지나치지 않습니까."

| 단락 요지 | 불구자이지만 덕을 갖춘 신도가(申徒嘉)와 세속적으로 성공한 정자산(鄭子産)을 대비시켜 덕의 가치를 강조하고자 제시한 도입부이다.

| 한자 풀이 | 嘉 아름다울 가 · 기릴 가 · 경사스러울 가 · 맛 좋을 가, 昏 날 저물 혼 · 어두울 혼 · 장가들 혼, 塵 티끌 진, 垢 때 구

5. 덕충부 12-4

子産曰이라.
자 산 왈

자산이 말하였다.

子旣若是矣어늘,
자 기 약 시 의

"자네는 이와 같은 (불구자인) 처지에

猶與堯爭善이라.
유 여 요 쟁 선

오히려 요임금과 훌륭함을 다투고 있소.

計子之德하고,
계 자 지 덕

자네의 덕을 헤아려 보고

不足以自反邪아?
부 족 이 자 반 야

스스로를 돌아볼 수 없겠는가?"[28]

申徒嘉曰이라.
신 도 가 왈

신도가가 말하였다.

自狀其過하여,
자 상 기 과

"스스로 그 허물을 꾸며 대어

以不當亡者衆하고,
이 부 당 망 자 중

(발을) 잃은 것이 부당하다고 여기는 자는 많고,

不狀其過하여,
불 상 기 과

그 허물을 꾸며 대지 않으면서

---

[28] 죄를 지어 올자가 된 것을 반성하지 않는다고 비난하는 내용이다.

| 以不當存者寡라. | (발이) 있는 것이 부당하다고 여기는 자는 적습니다. |

| 知不可奈何하고, | 어찌할 수 없음을 알고 |

| 而安之若命은, | 편안히 여기기를 운명처럼 하는 것은 |

| 唯有德者能之라. | 오직 덕 있는 자만이 할 수 있습니다. |

| 遊於羿之彀中[29]이면, | (활의 명수인) 예(羿)[30]의 사정거리 안에서 머문다면 |

| 中央者는, | 가운데는 |

| 中地也나, | (화살에) 맞을 곳이지만 |

| 然而不中者[31]면, | 그런데도 맞지 않는다면 |

| 命也라. | (그것은) 운명입니다.[32] |

---

[29] 구중(彀中) : 화살을 쏘아 도달하는 거리의 안쪽을 가리킨다. 후에는 자신의 세력권 안에 있는 사람을 가리킨다.
[30] 예(羿) : 하나라 때의 제후로, 활을 잘 쏘았다고 한다.
[31] 자(者) : 조건의 연사로, '즉(則)'과 통한다.
[32] 당신이 올자가 되지 않은 것은 요행의 운명일 뿐임을 말한 것이다.

| 人以其全足으로,
| 인 이 기 전 족

사람들은 자신이 온전한 발이라고

| 笑吾不全足者多矣라.
| 소 오 부 전 족 자 다 의

내 온전치 않은 발을
비웃는 자가 많습니다.

| 我怫然[33]而怒하나,
| 아 비 연   이 노

나는 벌컥 화를 내지만

| 而適先生之所면,
| 이 적 선 생 지 소

선생님이 계신 곳에 가면

| 則廢然[34]而反이라.
| 즉 폐 연   이 반

화가 사라지고 (평정심을)
회복합니다.

| 不知先生之洗我以善邪아.
| 부 지 선 생 지 세 아 이 선 야

모르겠습니다만 선생님이 나를
선으로 닦아 주시기 때문일 것입니다.

| 吾與夫子遊十九年矣나,
| 오 여 부 자 유 십 구 년 의

나는 선생님에게 머문 지가
19년이 되었으나

| 而未嘗知吾兀者也라.
| 이 미 상 지 오 올 자 야

일찍이 내가 올자임을 느껴본 적이
없습니다.

| 今子與我遊於形骸之內어늘,
| 금 자 여 아 유 어 형 해 지 내

지금 그대와 나는 육체의
안[덕의 세계]에서 어울리는데

---

33 비연(怫然) : 발끈하면서 성내는 모습이다.
34 폐연(廢然) : 사그라져 없어지는 모습이다.

而子索我於形骸之外하니, 그대는 나를 육체의
이 자 색 아 어 형 해 지 외   밖[겉모습]에서 찾으니

不亦過乎아. 또한 지나치지 않습니까."
불 역 과 호

子產蹵然³⁵改容更貌曰이라. 자산은 놀라서 얼굴색을 고치고
자 산 축 연   개 용 경 모 왈   자세를 바꾸며 말하였다.

子無乃稱하라. "자네는 더 이상 말하지 말게."
자 무 내 칭

| 단락 요지 | 외적인 모습에 구애된 정자산에게 내적인 덕을 볼 것을 가르친 신도가의 깨우침이다.
| 한자 풀이 | 狀 모양 상 · 형용할 상 · 문서 장, 羿 사람 이름 예 · 날아오를 예, 彀 당길 구 · 사정거리 구, 怫 답답할 불 · 어그러질 불 · 발끈할 비, 廢 집 쏠릴 폐 · 폐할 폐 · 폐하여질 폐 · 없어질 폐, 蹵 찰 축 · 삼갈 축

5. 덕충부 12-5

魯有兀者叔山無趾러니, 노나라에 올자인
노 유 올 자 숙 산 무 지   숙산무지(叔山無趾)³⁶가 있었는데,

---

35 축연(蹵然) : 놀라는 모습이다.
36 숙산무지(叔山無趾) : 장자가 설정한 허구적 인물이다.

| 踵見仲尼라.
종 현 중 니 | (문에) 이르러 공자를 뵈었다. |

仲尼曰이라.
중 니 왈

"子不謹하여,
자 불 근

前旣犯患若是矣라.
전 기 범 환 약 시 의

雖今來나,
수 금 래

何及矣리오."
하 급 의

無趾曰이라.
무 지 왈

"吾唯不知務하고,
오 유 부 지 무

而輕用吾身하여,
이 경 용 오 신

吾是以亡足이나,
오 시 이 망 족

今吾來也는,
금 오 래 야

猶有尊足者[37]存하여,
유 유 존 족 자 존

踵見仲尼라.	(문에) 이르러 공자를 뵈었다.
仲尼曰이라.	공자가 말하였다.
子不謹하여,	"그대는 조심하지 않아
前旣犯患若是矣라.	이전에 이미 화를 당한 것이 이와 같구나.
雖今來나,	이제 왔으나
何及矣리오."	어떻게 하겠는가."
無趾曰이라.	무지가 말하였다.
吾唯不知務하고,	"저는 다만 세상사를 알지 못하고
而輕用吾身하여,	제 몸을 가볍게 놀려
吾是以亡足이나,	제가 그래서 발을 잃었으나,
今吾來也는,	지금 제가 찾아온 것은
猶有尊足者[37]存하여,	오히려 발보다 더 소중한 것이 있어,

吾是以務全之也라.
오 시 이 무 전 지 야

저는 그래서 이것을 힘써 보전하려 합입니다.

夫天無不覆하고,
부 천 무 불 부

무릇 하늘은 덮어 주지 않는 것이 없고

地無不載하여,
지 무 부 재

땅은 실어 주지 않는 것이 없어

吾以夫子爲天地어늘,
오 이 부 자 위 천 지

저는 선생님을 하늘과 땅으로 알았는데

安知夫子之猶若是也리오.
안 지 부 자 지 유 약 시 야

어떻게 선생님께서 이러실 줄을 알았겠습니까."

孔子曰이라.
공 자 왈

공자가 말하였다.

丘則陋矣라.
구 즉 루 의

"내가 천박했소.

夫子胡不入乎아.
부 자 호 불 입 호

그대는 어찌 들어오지 않소.

請講以所聞이리라.
청 강 이 소 문

아는 것을 말해 드리다."

無趾出하니,
무 지 출

무지가 나가자,

---

37 존족자(尊足者) : "尊於足者"의 의미로, 도덕 수양(道德修養)을 가리킨다.

孔子曰이라.
공자왈

공자가 (제자들에게) 말하였다.

弟子勉之어다.
제자면지

"너희들은 힘쓸지어다.

夫無趾는,
부무지

저 숙산무지는

兀者也어늘,
올자야

올자인데도

猶務學하여,
유무학

오히려 배움에 힘써서

以復補前行之惡이어늘,
이복보전행지악

과거의 잘못을 보상하려 하는데

而況全德之人乎아.
이황전덕지인호

하물며 덕을 온전히
한 사람이겠는가."

無趾語老聃曰이라.
무지어노담왈

무지가 노담(老聃)에게 말하였다.

孔丘之於至人에,
공구지어지인

"공구(孔丘)는 지인(至人)의
경지에는

其未邪로다.
기미야

아마 아직은 이르지 못한 듯합니다.

彼何賓賓[38]以學子爲오?
피하빈빈 이학자위

그는 어찌하여 빈번히 그대에게
배우려 합니까?

---

38 빈빈(賓賓): '빈빈(頻頻)'과 같이, '자주', '빈번히'의 뜻이다.

彼且蘄以諔詭幻怪之名聞하니,　그는 또 속임수와 괴이한 이름으로
피 차 기 이 숙 궤 환 괴 지 명 문　　　소문나기를 바라니

不知至人之以是爲己桎梏[39]邪로다.　지인은 그것을 자신을 속박하는
부 지 지 인 지 이 시 위 기 질 곡　　야　　차꼬나 수갑으로 여긴다는 것을
　　　　　　　　　　　　　　　　모르는 듯합니다."

老聃曰이라.　　　　　　　　　　노담이 대답하였다.
노　담　왈

胡不直使彼以死生爲一條하고,　"그로 하여금 죽고 사는 것을
호 부 직 사 피 이 사 생 위 일 조　　한가지로 여기도록 하고,

以可不可爲一貫者면,　　　　　옳고 그름을 한결같은 것으로
이 가 불 가 위 일 관 자　　　　　여기게 한다면

解其桎梏이,　　　　　　　　　그 차꼬와 수갑을 푸는 것이,
해 기 질 곡

其可乎아.　　　　　　　　　　어찌 혹 가능하지 않겠는가."[40]
기 가 호

無趾曰이라.　　　　　　　　　무지가 말하였다.
무 지 왈

天刑之어니,　　　　　　　　　"하늘이 그에게 벌을 내렸는데
천 형 지

---

39 질곡(桎梏) : 옛날에 범죄자에게 씌우던 형구(刑具)의 일종으로, '질(桎)'은 발에 채우는
　차꼬이고 '곡(梏)'은 손에 채우는 수갑이다.
40 위의 '胡不直'이 이 구절까지 연결된다.

安可解리오.
_{안 가 해}

어떻게 풀 수 있겠습니까."

| 단락 요지 | 윗 단락과 마찬가지로, 외적인 모습에 구애된 공자에 대한 비판을 통하여 내적인 덕을 볼 것을 강조하였다.

| 한자 풀이 | 趾 발(복사뼈 아랫부분) 지·발가락 지, 踵 발꿈치 종·이를 종, 患 근심 환·재앙 환, 覆 엎어질 복·덮을 부, 載 실을 재, 陋 좁을 루·미천할 루, 諔 속일 숙, 詭 속일 궤, 桎 차꼬 질, 梏 쇠고랑(수갑) 곡

5. 덕충부 12-6

魯哀公問於仲尼曰이라.
_{노 애 공 문 어 중 니 왈}

노(魯)나라 애공(哀公)이 공자에게 물었다.

衛有惡人焉한대,
_{위 유 악 인 언}

"위(衛)나라에 못생긴 사람이 있는데

曰哀駘它라.
_{왈 애 태 타}

애태타(哀駘它)[41]라고 합니다.

丈夫與之處者면,
_{장 부 여 지 처 자}

남자들이 그와 같이 있게 되면

---

41 애태타(哀駘它) : 장자가 설정한 가공의 인물이다.

| 思而不能去也오, | 사모하여 떠나지를 못하고, |

婦人見之면, 여인들이 그를 보면

請於父母曰하여, 부모에게 청하기를,

與爲人妻론, '다른 사람의 아내가 되느니보다

寧爲夫子妾者가, 차라리 그분의 첩이 되겠습니다'
라고 하는 자가

十數而未止也라. 수십 명도 더 된다고 합니다.

未嘗有聞其唱者也하고, 일찍이 그가 앞서서 주장하는 것을
들은 이가 없고

常和人而已矣라. 항상 사람들과 화합할 뿐입니다.

無君人之位以濟乎人之死하고, 임금의 지위로 사람들의 죽음을
구제해 주는 것도 없고,

無聚祿以望[42]人之腹이라. 녹봉을 모아 사람들의 배를
채워 주는 일도 없습니다.

---

[42] 망(望) : 달이 가득 찬 보름을 가리키는 데에서, '차다', '채우다'의 뜻을 갖게 되었다.

| 又以惡駭天下나, | 또 추악함으로 세상 사람들을 놀라게 하지만 |
| 우 이 악 해 천 하 | |

和而不唱하고,
화 이 불 창
화합할 뿐 앞서서 주장하지 않고,

知不出乎四域이나,
지 불 출 호 사 역
지식이 사방의 사람들보다 출중한 것도 아닌데

且而雌雄合乎前하니,
차 이 자 웅 합 호 전
오히려 남녀가 그 앞에 모이니

是必有異乎人者也라.
시 필 유 이 호 인 자 야
이는 반드시 남들과 다른 점이 있는 자입니다.

寡人召而觀之하니,
과 인 소 이 관 지
과인이 그를 불러서 보니

果以惡駭天下라.
과 이 악 해 천 하
과연 추악함으로 세상 사람들을 놀라게 하였습니다.

與寡人處하여,
여 과 인 처
과인과 지내면서

不至以月數하여,
부 지 이 월 수
몇 달이 되지 않아

而寡人有意乎其爲人也하고,
이 과 인 유 의 호 기 위 인 야
과인은 그의 사람됨에 좋아하는 마음을 갖게 되었고,

| 不至乎期年하여, | 1년이 되지 않아 |
| 부 지 호 기 년 | |

而寡人信之라.
이 과 인 신 지
과인은 그를 믿게 되었습니다.

國無宰하여,
국 무 재
나라에 재상이 없어,

寡人傳國焉하니,
과 인 전 국 언
과인이 그에게 나라를 맡기려 하니,

悶然⁴³而後應한대,
민 연 이 후 응
멍해 있다가 대답하였는데,

氾若⁴⁴辭라.
범 약 사
무심하게 사양하였습니다.

寡人醜乎하고,
과 인 추 호
과인은 부끄러워하면서

卒授之國이라.
졸 수 지 국
마침내 그에게 나라를 맡겼습니다.

無幾何也에,
무 기 하 야
얼마 되지 않아

去寡人而行하니,
거 과 인 이 행
과인을 떠나서 가 버리니,

寡人卹焉⁴⁵若有亡也하고,
과 인 휼 언 약 유 망 야
과인은 근심스레 무엇을
잃은 것 같았고,

---

43 민연(悶然) : 깨닫지 못한 모습이다.
44 범약(氾若) : 공허한 모습으로, '氾'은 '汎'과 같은 자이다.
45 휼언(卹焉) : 근심스러워하는 모습이다.

| 若無與樂是國也라.
  약 무 여 락 시 국 야 | 마치 이 나라에서 함께 즐거워할 사람이 없어진 것 같았습니다. |

| 是何人者也오?
  시 하 인 자 야 | 그 사람은 어떤 사람입니까?" |

| 단락 요지 | 애태타(哀駘它)는 자기를 내세우지 않고 남들과 잘 화합하는 덕성을 지녔기 때문에, 추남인데도 모든 사람들이 그를 좋아한다.
| 한자 풀이 | 駘 둔마 태·벗을 태, 它 다를 타·뱀 사, 唱 노래 창·주장할 창, 濟 건널 제·나루 제·건질 제, 駭 놀랄 해·놀랠 해, 悶 근심할 민·어두울 민, 氾 넘칠 범·넓을 범·많을 범, 醜 추할 추·부끄러워할 추, 卹 진휼할 휼·근심할 휼(恤과 같은 자)

5. 덕충부 12-7

| 仲尼曰이라.
  중 니 왈 | 공자가 대답하였다. |

| 丘也嘗使於楚矣라가,
  구 야 상 시 어 초 의 | "제가 일찍이 초나라에 사신으로 갔다가 |

| 適見㹠子食於其死母者한대,
  적 견 돈 자 식 어 기 사 모 자 | 마침 새끼 돼지들이 죽은 어미의 젖을 먹는 것을 보았는데, |

| 少焉眴若[46]皆棄之而走라.
  소 언 순 약   개 기 지 이 주 | 조금 있다가 놀라며 모두 어미를 버리고 달아났습니다. |

不見己焉爾하고,
불 견 기 언 이

자기들을 보지 않고

不得類焉爾라.
부 득 유 언 이

다른 모양이 되었기 때문입니다.

所愛其母者는,
소 애 기 모 자

그 어미를 사랑한 것은

非愛其形也오,
비 애 기 형 야

그 몸을 사랑한 것이 아니고

愛使其形者也라.
애 사 기 형 자 야

그 몸을 부리는 것〔정신〕을
사랑한 것입니다.

| 단락 요지 | 사람들이 좋아하는 것은 외모나 형체가 아닌 덕성임을 비유한 것이다.

| 한자 풀이 | 犹 돼지 새끼 돈(豚과 같은 자), 眴 눈 깜박일 현·아찔할 현·눈 깜작할 순·놀라는 모습 순

5. 덕충부 12-8

戰而死者는,
전 이 사 자

전쟁에 나갔다가 죽은 자는

其人之葬也에,
기 인 지 장 야

그 사람의 장례에

---

46 순약(眴若) : 놀라는 모습이다.

不以翣⁴⁷資하고,
삽(翣)을 쓰지 않고,

刖者之屨는,
발이 잘린 자의 신은

無爲愛之하니,
아끼는 것이 되지 못하니,

皆無其本矣라.
모두 그 근본이 없어졌기 때문입니다.

爲天子之諸御는,
천자의 후궁이 된 이들은

不爪翦하고,
손톱을 (짧게) 깎지 않고

不穿耳하며,
귀를 뚫지 않으며,

取妻者는,
아내를 얻은 자는

止於外하고,
밖에서 머물게 하고⁴⁸

不得復使라.
더 이상 숙직을 시키지 않습니다.

形全猶足以爲爾어늘,
형체가 온전하기에도 오히려 그렇게 할 만한데

---

47 삽(翣) : 발인할 때에 영구의 앞뒤에 세우고 가는 제구이다.
48 궁 안에서 숙직하는 일을 면해 주어, 밖의 자기 집에서 머물게 한다는 뜻이다.

而況全德之人乎리오.
이 황 전 덕 지 인 호

하물며 덕을 온전히 하는 사람이겠습니까.

| 단락 요지 | 형체가 근본이 되는 경우도 있는데, 그런 경우에도 그 근본을 중시하여 조심한다. 하물며 그 형체를 부리는 정신이나 덕성은 더욱 그러함을 강조한 내용이다.

| 한자 풀이 | 翣 불삽 삽, 資 재물 자·의뢰 자·도움 자·도울 자·쓸 자, 刖 벨 월(발꿈치를 베는 형벌), 屨 신 구, 御 어거할(거느릴) 어·부릴 어·모실 어·시비(侍婢 : 천자의 첩, 후궁) 어, 爪 손톱 조, 翦 자를 전(剪과 같은 자)

5. 덕충부 12-9

今哀駘它는,
금 애 태 타

지금 애태타는

未言而信하고,
미 언 이 신

말하지 않아도 (사람들이) 믿고

無功而親하며,
무 공 이 친

공(功)이 없는데도 (사람들이) 가까이하며,

使人授己國에,
사 인 수 기 국

남이 자기 나라를 맡기면서도

唯恐其不受也하니,
유 공 기 불 수 야

오직 그가 받지 않을까를 염려하게 하니,

是必才全하고,
시 필 재 전

而德不形者也라.
이 덕 불 형 자 야

哀公曰이라.
애 공 왈

何謂才全고?
하 위 재 전

仲尼曰이라.
중 니 왈

死生存亡과,
사 생 존 망

窮達貧富와,
궁 달 빈 부

賢與不肖毁譽와,
현 여 불 초 훼 예

飢渴寒暑는,
기 갈 한 서

是事之變이며,
시 사 지 변

命之行也라.
명 지 행 야

日夜相代乎前이어늘,
일 야 상 대 호 전

이는 반드시 재능이 온전하면서도

덕이 드러나지 않는 자입니다."

애공이 물었다.

"무엇을 일컬어 재능이 온전하다고 하는지요?"

공자가 대답하였다.

"사생과 존망,

궁달과 빈부,

훌륭함과 불초함, 헐뜯음과 칭찬,

주림과 목마름, 추위와 더위는

현상이 변하는 것이며

천명이 진행되는 것입니다.

(이런 변화가) 밤낮으로 앞에서 바뀌어도

而知不能規⁴⁹乎其始者也라.
이 지 불 능 규   호 기 시 자 야

지각(知覺)은 그것이 시작되는 것을 헤아릴 줄 모릅니다.⁵⁰

故不足以滑和하며,
고 부 족 이 골 화

그러므로 (이것들이) 조화를 어지럽히지 못하고

不可入於靈府라.
불 가 입 어 영 부

마음에 개입될 수가 없습니다.

使之和豫하고,
사 지 화 예

그로 하여금 조화롭고 기쁘게 하고

通而不失於兌하며,
통 이 불 실 어 태

통달하여 기쁨을 잃지 않게 하며,

使日夜無郤하여,
사 일 야 무 극

밤낮으로 틈이 나지 않게 하여

而與物爲春하니,
이 여 물 위 춘

만물과 더불어 봄을 누리게 하니,

是接而生時於心者也라.
시 접 이 생 시 어 심 자 야

이는 (만물과) 접촉하면서 마음속에 '제때에 맞게 함[시(時)⁵¹]'을 내는 것입니다.

是之謂才全이라.
시 지 위 재 전

이것을 일러 재능이 온전하다고 하는 것입니다."

---

49 규(規): '규(窺)'와 통하여, '엿보다', '살피다'의 뜻을 지닌다.
50 현상(現像)의 변화에 초월했음을 가리킨다.
51 제때에 맞게 함[시(時)]: 공자의 '시중(時中)'과 통하는 개념이다.

何謂德不形고?
하 위 덕 불 형

"무엇을 일러 덕이 드러나지 않는다고 하는지요?"

曰이라.
왈

공자가 대답하였다.

平者는,
평 자

"평평함이란 것은

水停之盛也라.
수 정 지 성 야

물이 멎어 있는 것이 지극한 상태입니다.

其可以爲法也는,
기 가 이 위 법 야

그것이 표준이 될 수 있는 것은,

內保之하고,
내 보 지

안으로 간직한 채

而外不蕩也라.
이 외 불 탕 야

밖으로 출렁이지 않기 때문입니다.

德者는,
덕 자

덕이란 것은

成和之脩也니,
성 화 지 수 야

완전함과 조화를 닦은 것이니,

德不形者는,
덕 불 형 자

덕이 드러나지 않는 자는

物不能離也라.
물 불 능 리 야

만물이 떠날 수 없습니다."

哀公異日以告閔子[52]曰이라.
애 공 이 일 이 고 민 자 왈

애공이 다른 날, 민자건(閔子騫)에게 말하였다.

始也吾以南面而君天下에,
시 야 오 이 남 면 이 군 천 하

"전에 내가 남면하여 세상을 다스릴 때에

執民之紀하고,
집 민 지 기

백성의 기강을 잡고

而憂其死하여,
이 우 기 사

그들의 죽음을 염려해 주면서

吾自以爲至通矣라.
오 자 이 위 지 통 의

내 스스로 지극히 잘하는 것으로 생각하였소.

今吾聞至人之言하여,
금 오 문 지 인 지 언

이제 나는 지인(至人)에 관한 말을 듣고[53]

恐吾無其實하고,
공 오 무 기 실

나에게는 그런 실상이 없고,

輕用吾身하여,
경 용 오 신

경솔하게 내 몸을 놀려

而亡其國이라.
이 망 기 국

나라를 망하게 하였는가를 염려하게 되었소.

吾與孔丘는,
오 여 공 구

나와 공자는

---

52 민자(閔子) : 공자의 제자인 민자건(閔子騫)을 가리킨다.
53 여기서 말하는 지인(至人)은 애태타이고, 그에 관해 공자가 설명한 말을 들었다는 것이다.

非君臣也오,
비 군 신 야

군신 관계가 아니고

德友而已矣라."
덕 우 이 이 의

덕으로 사귀는 친구일 뿐이오."

| 단락 요지 | 사람을 좋아하는 이유는 외적인 것이 아니고 내면의 본질[덕(德)] 때문이다. 더구나 덕을 갖췄으면서도 그 덕을 내세우지 않음이 사람들이 애태타를 좋아하는 이유임을 설명한 내용이다.

| 한자 풀이 | 規 그림쇠 규·법 규·꾀할 규, 滑 미끄러울 활·어지러울 골·어지럽힐 골·흐릴 골, 豫 기뻐할 예·놀 예·즐길 예·싫어할 예·밀 예·참여할 예, 兌 기쁠 태, 郤 고을 이름 극·틈 극, 蕩 쓸릴 탕·움직일 탕·흐르게 할 탕

5. 덕충부 12-10

闉跂⁵⁴支離無脤이,
인 기 지 리 무 순

절름발이에다 꼽추이자
언청이인 사람이

說衛靈公하니,
세 위 령 공

위(衛) 영공(靈公)에게 유세를 하자

靈公說之하여,
영 공 열 지

영공은 그를 좋아하게 되어,

---

54 인기(闉跂) : 다리가 굽어 발끝으로 땅을 딛고 다니는 사람이다.

| 而視全人하면, | 온전한 사람을 보면 |
| 이 시 전 인 | |

| 其脰肩肩⁵⁵이라. | 그 목이 가늘고 작다고 여겼다. |
| 기 두 흔 흔 | |

甕㼜大癭이,   항아리처럼 (목에) 큰 혹이
옹 앙 대 영   나있는 사람이

說齊桓公하니,   제(齊) 환공(桓公)에게 유세를 하자
세 제 환 공

桓公說之하여,   환공은 그를 좋아하게 되어
환 공 열 지

而視全人하면,   온전한 사람을 보면
이 시 전 인

其脰肩肩이라.   그 목이 작고 가늘다고 여겼다.
기 두 흔 흔

故德有所長이면,   그러므로 덕에 뛰어난 점이 있으면
고 덕 유 소 장

而形有所忘이라.   형체에서는 잊는 것이 있다.
이 형 유 소 망

人不忘其所忘하고,   사람은 잊어야 할 것을 잊지 않고,
인 불 망 기 소 망

而忘其所不忘하니,   잊지 않을 것을 잊으니,
이 망 기 소 불 망

---

55 흔흔(肩肩) : 가늘고 작은 모습이다.

此謂誠忘이라.
차 위 성 망

이것을 일컬어 '진짜 잊는 것
〔성망(誠忘)〕'이라고 한다.

| 단락 요지 | 일반 사람들이 미추(美醜), 대소(大小), 형체(形體) 등의 외적인 것을 중시하고, 도(道), 덕성(德性) 등의 내적인 것을 도외시하는 세태를 비판하고 있다.

| 한자 풀이 | 闉 성곽 문 인 · 막을 인 · 굽을 인, 跂 육발이 기 · 길 기 · 발돋움할 기, 脤 제육(祭肉) 신 · 입술 순(脣과 통용), 脰 목 두, 肩 어깨 견 · 견딜 견 · 곧을 흔 · 작을 흔, 甕 항아리 옹, 瓷 장군 앙, 癭 혹 영

5. 덕충부 12-11

故聖人有所遊하니,
고 성 인 유 소 유

그러므로 성인에게는
노니는 바가 있으니,

而知爲孽하고,
이 지 위 얼

지식을 재앙으로 보고

約爲膠하며,
약 위 교

맹약을 아교로 보며

德爲接하고,
덕 위 접

덕을 교제 수단으로 보고

工爲商이라.
공 위 상

기술을 장사꾼의 속성으로 본다.

聖人不謀하니,
성 인 불 모

성인은 도모하지 않으니

惡用知하며, _{오 용 지}	어디에 지식을 쓰며,
不斲하니, _{불 착}	깎지 않으니
惡用膠리오. _{오 용 교}	어디에 아교를 쓰겠는가.
無喪하니, _{무 상}	(도를) 잃음이 없으니
惡用德하며, _{오 용 덕}	어디에 덕을 쓰며,
不貨[56]하니, _{불 화}	물건을 팔지 않으니
惡用商이리오. _{오 용 상}	어디에 장사꾼의 속성을 쓰겠는가.
四者天鬻也라. _{사 자 천 육 야}	이 네 가지는 천육(天鬻[57] : 하늘이 길러 주는 것)이다.
天鬻者는, _{천 육 자}	천육이란 것은
天食也라. _{천 사 야}	하늘이 먹여 주는 것이다.
旣受食於天하니, _{기 수 식 어 천}	이미 하늘에서 먹을 것을 받았으니

---

56 화(貨) : 물건을 팔아 이익을 취한다는 뜻이다.
57 육(鬻) : '육(育)'과 통하여 '기르다'의 뜻을 나타낸다.

又惡用人이리오. 우 오 용 인	다시 어디에다 인위(人爲)를 쓰겠는가.
有人之形이나, 유 인 지 형	사람의 형체를 지니고 있으나
無人之情이라. 무 인 지 정	사람의 감정이 없다.
有人之形하니, 유 인 지 형	사람의 형체를 지니고 있으므로
故羣於人하고, 고 군 어 인	사람들과 무리 지어 살고,
無人之情하니, 무 인 지 정	사람의 감정이 없으므로
故是非不得於身이라. 고 시 비 부 득 어 신	시비가 자신에게 작용하지 않는다.
眇乎[58]小哉는, 묘 호 소 재	작디작은 것은
所以屬於人也요. 소 이 속 어 인 야	사람에게 속해 있는 것이요,[59]
警乎[60]大哉는, 오 호 대 재	크나큰 것은
獨成其天이라. 독 성 기 천	홀로 하늘의 덕을 이룬 것이다.[61]

---

58 묘호(眇乎) : 작은 모습이다.
59 사람의 형체를 지니고 있음[유인지형(有人之形)]을 가리킨다.
60 오호(警乎) : 높고 큰 모습이다.

| 단락 요지 | 덕에 뛰어나면 겉모습은 초월된다. 그런 자는 사람과 짝이 되고 하늘과 짝이 된다.

| 한자 풀이 | 孼 서자 얼·천민 얼·재앙 얼·괴롭힐 얼, 膠 아교 교, 斵 깎을 착, 貨 재화 화·뇌물 줄 화·팔 화, 鬻 죽 죽·기를 육, 眇 애꾸눈 묘·작을 묘, 謷 헐뜯을 오·클 오·거만할 오

5. 덕충부 12-12

惠子謂莊子曰이라.
혜 자 위 장 자 왈

혜시(惠施)가 장자에게 말하였다.

人故無情乎아?
인 고 무 정 호

"사람에게 본디 감정이 없는가?"

莊子曰이라.
장 자 왈

장자가 대답하였다.

然하다.
연

"그렇소."

惠子曰이라.
혜 자 왈

혜시가 말하였다.

人而無情이면,
인 이 무 정

"사람으로서 감정이 없다면

何以謂之人이리오.
하 이 위 지 인

어떻게 그를 사람이라고 말하겠는가."

---

61 사람의 감정이 없음(무인지정(無人之情))을 가리킨다.

莊子曰이라.
장 자 왈

道與之貌하고,
도 여 지 모

天與之形하니,
천 여 지 형

惡得不謂之人이리오.
오 득 불 위 지 인

장자가 대답하였다.

"도가 그에게 모습을 주고

하늘이 그에게 형체를 주었으니

어찌 그를 사람이라고 하지
않을 수 있겠는가."

惠子曰이라.
혜 자 왈

旣謂之人이면,
기 위 지 인

惡得無情이리오.
오 득 무 정

혜시가 말하였다.

"이미 그를 사람이라고 하였으면

어찌 감정이 없을 수 있겠는가."

莊子曰이라.
장 자 왈

是非吾所謂情也라.
시 비 오 소 위 정 야

吾所謂無情者는,
오 소 위 무 정 자

言人之不以好惡內傷其身이니,
언 인 지 불 이 호 오 내 상 기 신

장자가 대답하였다.

"이것은 내가 일컫는 바의
감정이 아니오.

내가 감정이 없다고 일컫는 것은

사람이 좋아함과 싫어함으로써
그 몸을 안으로 상하게
하지 않는 것을 말함이니,

常因自然而不益生也라.
상인자연이불익생야

항상 자연에 따르면서 삶을
(인위적으로) 증가시키지 않는다오."

惠子曰이라.
혜자왈

혜시가 말하였다.

不益生하면,
불익생

"삶을 (인위적으로)
증가시키지 않으면

何以有其身고.
하이유기신

무엇으로써 그 몸을
유지할 수 있겠는가."

莊子曰이라.
장자왈

장자가 대답하였다.

道與之貌하고,
도여지모

"도가 그에게 모습을 주고

天與之形하니,
천여지형

하늘이 그에게 형체를 주었으니

無以好惡內傷其身이라.
무이호악내상기신

좋아함과 싫어함으로써 그 몸을
안으로 상하게 하지 않소.

今子外乎子之神하여,
금자외호자지신

지금 그대는 그대의 마음을
밖으로 돌려

勞乎子之精하고,
노호자지정

그대의 정신을 수고롭게 하고,

倚樹而吟하며,
의 수 이 음

나무에 기대어 읊조리며

據槁梧而瞑이라.
거 고 오 이 명

마른 오동나무 책상에 의지하여 명상하고 있소.

天選子之形이어늘,
천 선 자 지 형

하늘이 그대의 몸을 선택해 주었는데

子以堅白鳴이라.
자 이 견 백 명

그대는 견백(堅白)의 이론[62]으로 떠들고 있소이다."

| 단락 요지 | 좋아함과 싫어함의 주관적인 감정을 초월하는 것이 자연으로부터 생명을 받은 자연인으로서의 본질이다. 순응자연의 도리를 강조하여 본질을 모르고 궤변을 일삼는 혜시를 비판한 내용이다.

| 한자 풀이 | 貌 모양 모·얼굴 모·예모 모·모사할 막·아득할 막, 倚 기댈 의·의지할 의, 據 의지할 거·의거할 거, 梧 벽오동나무 오·책상 오, 瞑 눈 감을 명

---

62 견백론(堅白論) : 명가학파인 공손룡자의 주장으로, 돌의 재질과 색깔로 돌을 논하였다. 장자는 재질과 색깔에 대한 담론으로는 돌의 본질을 밝힐 수 없음을 강조하였다.

6. 가장 높은 스승
〔대종사(大宗師)〕

　'대종사(大宗師)'는 '가장 높은 스승'이라는 뜻으로, 도(道), 나아가서 도를 체득한 진인(眞人)을 가리킨다. 이 편에서 장자는 '순응자연'의 이치와 진인의 경지를 밝혔다. 순응자연은 도를 따르는 것이고 도를 따름으로써 형체(形體), 사생(死生) 등의 차별과 변화를 초월할 수 있다고 하였다. 이런 경지에 이른 사람이 바로 진인이다. 진인은 일체의 현상이 도의 진행이라는 이치를 깨달아 "안시이처순(安時而處順)"하는 자이다.

6. 대종사 18-1

| 知天之所爲하고, | 하늘이 하는 바를 알고 |
| 지 천 지 소 위 | |

知人之所爲者면,　　　사람이 하는 바를 알면
지 인 지 소 위 자

至矣라.　　　지극해진다.
지 의

知天之所爲者면,　　　하늘이 하는 바를 알면
지 천 지 소 위 자

天而生也하고,　　　천도(天道) 대로 살고,[1]
천 이 생 야

知人之所爲者면,　　　사람이 하는 바를 알면
지 인 지 소 위 자

以其知之所知로,　　　자신의 지식이 아는 바로써
이 기 지 지 소 지

以養其知之所不知하여,　　　자신의 지식이
이 양 기 지 지 소 부 지　　　알지 못하는 바를 길러,

終其天年하고,　　　그 천수를 마치고
종 기 천 년

而不中道夭者리니,　　　중도에 요절하지 않으리니,
이 부 중 도 요 자

---

1 순응자연을 가리킨다.

是知之盛也라.
시지지성야

이것이 훌륭한 지식이다.

雖然有患하니,
수연유환

비록 그러하나 근심거리가 있으니,

夫知有所待而後當한대,
부지유소대이후당

지식이란 의거하는 바가 있은 뒤에 타당해지는데

其所待者가,
기소대자

그 의거하는 바가

特未定也라.
특미정야

다만 확정되어 있지 않기 때문이다.

庸詎知吾所謂天之非人乎며,
용거지오소위천지비인호

어찌 내가 일컬은 천도라는 것이 인위가 아니라고 알고,

所謂人之非天乎리오.
소위인지비천호

일컬은 인위라는 것이 천도가 아니라고 알겠는가.

且有眞人而後有眞知니라.
차유진인이후유진지

우선 진인(眞人)이 있은 뒤에 '참된 앎〔진지(眞知)〕'이 있는 것이다.

| 단락 요지 | 진인(眞人)의 순응자연의 경지를 제시하였고, 순응자연하려면 '참된 앎〔진지(眞知)〕'을 지녀야 함을 강조하였다. 그러나 보통 사람들의 지식은 한계를 지닐 수밖에 없고 도를 체득한 진인만이 그것이 가능함을 밝히고 있다.

| 한자 풀이 | 夭 일찍 죽을 요, 庸 쓸 용 · 범상할 용 · 어찌 용, 詎 어찌 거

6. 대종사 18-2

何謂眞人가.
_{하 위 진 인}

어떤 사람을 진인이라고 하는가.

古之眞人은,
_{고 지 진 인}

옛날의 진인은

不逆寡하고,
_{불 역 과}

적은 자를 거스르지 않았고,

不雄成하며,
_{불 웅 성}

성취를 뽐내지 않았으며,

不謨士²라.
_{불 모 사}

일을 도모하지 않았다.

若然者는,
_{약 연 자}

그와 같은 자는

過而弗悔하고,
_{과 이 불 회}

잘못되어도 후회하지 않고

當而不自得也라.
_{당 이 부 자 득 야}

잘되어도 자만하지 않는다.

若然者는,
_{약 연 자}

그와 같은 자는

登高不慄하고,
_{등 고 불 률}

높이 올라가도 두려워하지 않고,

入水不濡하며,
_{입 수 불 유}

물에 들어가도 젖지 않으며,

---

2 사(士) : '사(事)'와 통하여, '인위적인 일'을 가리킨다.

入火不熱이라.
입 화 불 열

불에 들어가도 뜨겁지 않다.

是知之能登假[3]於道者也若此라.
시 지 지 능 등 격 어 도 자 야 약 차

이는 지식이 도에 이를 수 있는 자만이 이와 같은 것이다.

古之眞人은,
고 지 진 인

옛날의 진인은

其寢不夢하고,
기 침 불 몽

잠잘 때에 꿈을 꾸지 않고

其覺無憂라.
기 교 무 우

깨어서도 근심이 없었다.

其食不甘하고,
기 식 불 감

먹는 것은 맛있는 것을 추구하지 않고

其息深深이라.
기 식 심 심

숨 쉬는 것은 깊고 깊었다.

眞人之息以踵하고,
진 인 지 식 이 종

진인이 숨 쉬는 것은 발뒤꿈치로 하고

衆人之息以喉라.
중 인 지 식 이 후

보통 사람이 숨 쉬는 것은 목구멍으로 한다.

屈服者는,
굴 복 자

(외물에) 굴복하는 자는

---

[3] 격(假) : '격(格)'과 통하여, '이르다'의 의미이다.

其嗌言若哇하고,   그 목멘 소리가 막힌 듯하고,
기 애 언 약 화

其耆欲深者는,   욕심이 심한 자는
기 기 욕 심 자

其天機淺이라.   타고난 바탕이 천박하다.
기 천 기 천

| 단락 요지 | 도를 체득한 진인(眞人)의 경지를 설명하였다.
| 한자 풀이 | 逆 거스를 역 · 허물 역 · 거꾸로 역 · 맞을 역 · 미리 역, 謨 꾀 모 · 꾀할 모 · 없을 모, 慄 두려워할 률, 濡 젖을 유 · 적실 유, 寢 잠잘 침, 覺 깨달을 각 · 깰 교, 踵 발꿈치 종, 喉 목구멍 후, 嗌 목구멍 익 · 목멜 애, 哇 음란한 소리 왜 · 게울 왜 · 막힐 화 · 아이 소리 와, 耆 늙은이 기 · 즐길 기(嗜와 통용), 機 틀(기계) 기 · 재치 기 · 거짓 기 · 때 기 · 조짐 기

6. 대종사 18-3

古之眞人은,   옛날의 진인은
고 지 진 인

不知說生하고,   삶을 좋아할 줄 모르고
부 지 열 생

不知惡死하여,   죽음을 싫어할 줄 몰라,
부 지 오 사

其出不訢하고,   태어나는 것을 기뻐하지도 않고
기 출 불 흔

其人不距하니,
기 입 불 거

죽는 것을 거부하지 않았으니,

翛然⁴而往하고,
유 연 이 왕

매이는 것 없이 가고

翛然而來而已矣라.
유 연 이 래 이 이 의

매이는 것 없이 올 뿐이었다.

不忘其所始나,
불 망 기 소 시

삶이 시작하는 바를 잊지 않지만

不求其所終이라.
불 구 기 소 종

그 끝나는 바를 추구하지 않는다.

受而喜之나,
수 이 희 지

삶을 받으면 기꺼워하지만

忘而復之라.
망 이 복 지

(생사를) 잊은 채 (자연으로) 돌아간다.

是之謂不以心捐道하고,
시 지 위 불 이 심 연 도

이를 일러 "마음으로 도를 버리지 않고,

不以人助天이라 하니,
불 이 인 조 천

인위로 천연을 조장(助長)하지 않는다"라고 하니,

是之謂眞人이라.
시 지 위 진 인

이런 사람을 일러 진인이라고 한다.

---

4 유연(翛然) : 거리낌 없는 모습이다.

若然者는, _{약 연 자}	그와 같은 자는
其心志하고, _{기 심 지}	그 마음은 향하는 바가 있고,
其容寂하며, _{기 용 적}	그 모습은 고요하며,
其顙頯라. _{기 상 괴}	그 이마는 드러나 있다.
凄然似秋하고, _{처 연 사 추}	서늘하기는 가을과 같고
煖然似春하며, _{난 연 사 춘}	따뜻하기는 봄과 같으며,
喜怒通四時하여, _{희 노 통 사 시}	기뻐하고 성내는 것이 사시(四時)와 통하여
與物有宜하여, _{여 물 유 의}	상대와 잘 맞으면서
而莫知其極이라. _{이 막 지 기 극}	그 끝남을 알 수 없다.

| 단락 요지 | 진인(眞人)은 생사(生死)를 초월하여 마음에 변화가 없고, 감정(感情)은 사시(四時)의 운행처럼 자연스러우니 이것이 순응자연의 경지이다.

| 한자 풀이 | 說 말씀 설· 기뻐할 열, 訢 기뻐할 흔(欣과 같은 자)· 화평할 은, 距 떨어질 거· 막을 거(拒와 통용), 翛 날개 찢어질 소· 빠를 유, 捐 버릴 연· 없앨 연, 顙 이마 상, 頯 광대뼈 규· 쑥 내밀 괴, 凄 쓸

쓸할 처 · 서늘할 처, 煖 따뜻할 난 · 따뜻할 훤(煊과 같은 자)

6. 대종사 18-4

故聖人之用兵也엔,
고 성 인 지 용 병 야

그러므로 성인이 무력을
사용할 때에는,

亡國而不失人心이라.
망 국 이 불 실 인 심

나라를 멸망시켜도 민심을
잃지 않는다.

利澤施乎萬世라도,
이 택 시 호 만 세

혜택이 만대에까지 미쳐도

不爲愛人이라.
불 위 애 인

백성을 사랑한다고 여기지 않는다.

故樂通物이면,
고 락 통 물

그러므로 상대와 통하려 함을 즐기면

非聖人也며,
비 성 인 야

성인이 아니며,

有親이면,
유 친

친애함이 있으면

非仁也며,
비 인 야

인(仁)이 아니며,

天時면,
천 시

시세(時勢)를 살피면

非賢也며,
비 현 야

현(賢)이 아니며,

利害不通이면,
이 해 불 통

이해(利害)에 통달하지 못하면[5]

非君子也며,
비 군 자 야

군자(君子)가 아니며,

行名失己면,
행 명 실 기

명예를 추구하여 자신을 잃으면

非士也라.
비 사 야

선비가 아니다.

亡身不眞하면,
망 신 부 진

몸을 망치면서 참됨을 얻지 못하면

非役人也라.
비 역 인 야

다른 사람들을 부리는 이가 아니다.

若狐不偕, 務光, 伯夷, 叔齊, 箕子, 胥餘, 紀他, 申徒狄은,
약 호 불 해 무 광 백 이 숙 제 기 자 서 여 기 타 신 도 적

호불해(狐不偕), 무광(務光),
백이(伯夷), 숙제(叔齊),
기자(箕子), 서여(胥餘),
기타(紀他), 신도적(申徒狄)[6]과
같은 사람들은

---

5 이해(利害)를 한가지로 볼 줄 알아야 초월이 가능하다.
6 호불해(狐不偕), 무광(務光), 백이(伯夷), 숙제(叔齊), 기자(箕子), 서여(胥餘), 기타(紀他), 신도적(申徒狄) : 현인(賢人)으로 이름났으나 자살하거나 피해를 당함으로써 천수를 누리지 못한 사람들이다. 즉 "몸을 망치면서 참됨을 얻지 못한" 예들이다.

是役人之役하고,
시 역 인 지 역

남의 일에 부림을 당하고

適人之適하여,
적 인 지 적

남의 즐거움에 맞춰 주면서

而不自適其適者也라.
이 불 자 적 기 적 자 야

스스로는 자신의 즐거움에
맞추지 못한 자들이다.

| 단락 요지 | 진지(眞知)를 얻지 못하여 인위(人爲)가 개입되면 명분(名分)에 맞는 존재가 될 수 없어, 남의 부림을 당하고 피해를 당할 수밖에 없다.

| 한자 풀이 | 施 베풀 시 · 전할 시 · 옮을 이 · 미칠 이, 狐 여우 호 · 여우털옷 호, 箕 키 기 · 삼태기 기 · 다리 뻗고 앉을 기, 胥 서로 서 · 다 서, 狄 오랑캐 적

6. 대종사 18-5

古之眞人은,
고 지 진 인

옛날의 진인은

其狀[7]義[8]하나,
기 상 의

그 모습이 우뚝하면서도

而不朋[9]하고,
이 불 붕

무너지지 않고,

---

7 상(狀): 외적인 모습이 아니라 '정신적인 상태〔심태(心態)〕'를 가리킨다.
8 의(義): '아(峨)'와 통하여, 높은 모습이다.
9 붕(朋): '붕(崩)'과 통한다.

若不足이나, _{약 부 족}	부족한 듯하면서도
而不承하고, _{이 불 승}	받을 것이 없고,
與乎其觚[10]나, _{여 호 기 고}	여유롭게 홀로이면서도
而不堅也하고, _{이 불 견 야}	고집스럽지 않고,
張乎[11]其虛나, _{장 호 기 허}	광대하게 비었으나
而不華也라. _{이 불 화 야}	부화(浮華)하지 않았다.
邴邴乎[12]其似喜也며, _{병 병 호 기 사 희 야}	밝은 모습은 기뻐하는 듯하였으며,
崔乎[13]其不得已也라. _{최 호 기 부 득 이 야}	움직이는 모습은 부득이한 것이었다.
滀乎[14]進我色也하고, _{축 호 진 아 색 야}	넉넉하게 자신의 표정을 드러내었고,
與乎止我德也하며, _{여 호 지 아 덕 야}	여유롭게 자신의 덕을 간직하였으며,

---

10 고(觚) : '고(孤)'와 통하여, '홀로 우뚝함'의 뜻이다.
11 장호(張乎) : 광대(廣大)한 모습이다.
12 병병호(邴邴乎) : 밝게 기뻐하는 모습이다.
13 최호(崔乎) : 움직이는 모습이다.
14 축호(滀乎) : 가득한 모습이다.

厲乎15其似世也라.
여 호 기 사 세 야

드넓게 세상과 어울리는 듯하였다.

警乎16未可制也하고,
오 호 미 가 제 야

커서 제지할 수 없었고

連乎17其似好閉也하며,
연 호 기 사 호 폐 야

묵묵하여 말없기를 좋아하는 듯하였으며,

悗乎18忘其言也라.
문 호 망 기 언 야

무심한 채 말을 잊었다.

以刑爲體하고,
이 형 위 체

형벌을 본체로 삼고

以禮爲翼하며,
이 예 위 익

예를 날개로 삼으며,

以知爲時하고,
이 지 위 시

지식을 때로 삼고,

以德爲循이라.
이 덕 위 순

덕을 따르는 것으로 삼았다.

以刑爲體者는,
이 형 위 체 자

형벌을 본체로 삼은 것은

綽乎其殺也오,
작 호 기 살 야

죽이는 것을 너그럽게 함이고,

---

15 려호(厲乎) : 려(厲)는 '광(廣)'과 모양이 비슷하여 혼용한 것으로, '광호(廣乎)'는 드넓은 모습이다.
16 오호(警乎) : 높고 큰 모습이다.
17 연호(連乎) : 말없는 모습이다.
18 문호(悗乎) : 무심한 모습이다.

以禮爲翼者는,
이 례 위 익 자

예(禮)를 날개로 삼은 것은

所以行於世也며,
소 이 행 어 세 야

세속과 통하는 방법이며,

以知爲時者는,
이 지 위 시 자

지식을 때로 삼은 것은

不得已於事也오,
부 득 이 어 사 야

일에서 부득이함이고,

以德爲循者는,
이 덕 위 순 자

덕을 따르는 것으로 삼은 것은

言其與有足者至於丘也라.
언 기 여 유 족 자 지 어 구 야

발 있는 자와 함께 언덕에
이르는 것을 말함이다.[19]

而人眞以爲勤行者也라.
이 인 진 이 위 근 행 자 야

그런데도 사람들은 진실로 힘써
행한 것으로 여긴다.

故其好之也一이오,
고 기 호 지 야 일

그러므로 좋아하는 것도
매한가지이고

其弗好之也一이라.
기 불 호 지 야 일

좋아하지 않는 것도 매한가지이다.

其一也一이오,
기 일 야 일

한가지로 여기는 것도 매한가지이고,

---

19 보통 사람과 함께 자연스럽게 도의 경지에 이름을 가리킨다.

| 其不一也一이라. | 한가지로 여기지 않는 것도
기 불 일 야 일 | 매한가지이다.

| 其一與天爲徒이고, | 한가지로 여기는 것은 하늘과
기 일 여 천 위 도 | 무리가 되는 것이고,

| 其不一與人爲徒라. | 한가지로 여기지 않는 것은 사람과
기 불 일 여 인 위 도 | 무리가 되는 것이다.

| 天與人不相勝也니, | 하늘과 사람이 그를 이기지 못하니,
천 여 인 불 상 승 야

| 是之謂眞人이라. | 이를 일러 진인이라고 한다.
시 지 위 진 인

| 단락 요지 | 진인(眞人)이 순응자연의 이치로 세상을 다스리고, 물아일체의 상태에서 만물과 어울리는 경지를 설명하였다.
| 한자 풀이 | 承 받들 승·이을 승·받을 승, 觚 술잔 고·네모 고·모날 고·홀로 고, 邴 땅 이름 병·기뻐할 병, 滀 모일 축·빠를 축, 謷 헐뜯을 오·클 오, 悗 흐릴 문·잊을 문, 綽 너그러울 작

6. 대종사 18-6

| 死生은, | 죽음과 삶은
사 생

命也니, 명 야	운명이니,
其有夜旦之常하여, 기 유 야 단 지 상	거기에는 밤과 낮 같은 일정함이 있어
天也로, 천 야	자연스러운 것으로,
人之有所不得與니, 인 지 유 소 부 득 여	사람이 간여할 수 없는 것이 있으니
皆物之情也라. 개 물 지 정 야	모두가 만물의 실상이다.
彼特以天爲父하여, 피 특 이 천 위 부	그들은 단지 자연을 부모로 여겨
而身猶愛之어늘, 이 신 유 애 지	그 자신이 오히려 그것을 사랑하는데,
而況其卓乎아. 이 황 기 탁 호	하물며 그보다 '뛰어난 것 〔도(道)〕'이겠는가.
人特以有君爲愈乎己하여, 인 특 이 유 군 위 유 호 기	사람들은 단지 군주를 자기보다 뛰어나다고 여겨
而身猶死之어늘, 이 신 유 사 지	그 자신이 오히려 그를 위해 죽는데,
而況其眞乎아. 이 황 기 진 호	하물며 '참된 것〔도(道)〕'이겠는가.

| 단락 요지 | 생사(生死)는 자연의 법칙으로 도가 발현되는 하나의 현상이다. 따라서 생사를 포함한 일체의 조건에 있어 자연[도(道)]에 따를 것(순응자연)을 강조한 내용이다.

| 한자 풀이 | 旦 아침 단 · 밝을 단 · 밤새울 단, 愈 나을 유

6. 대종사 18-7

泉涸에,
천 학

샘이 마르자

魚相與處於陸하여,
어 상 여 처 어 륙

고기들이 함께 땅 위에 있으면서

相呴以濕하고,
상 구 이 습

서로 습기로 불어 주고

相濡以沫이나,
상 유 이 말

서로 거품으로 적셔 주지만,

不如相忘於江湖라.
불 여 상 망 어 강 호

강이나 호수에서 서로를
잊는 것이 낫다.

與其譽堯而非桀也론,
여 기 예 요 이 비 걸 야

요(堯)를 칭찬하고 걸(桀)을
비난하기보다는,

不如兩忘而化其道라.
불 여 량 망 이 화 기 도

둘 다 잊고 도와 융화(融化)되는
것이 낫다.

夫大塊는,
부 대 괴

대자연은

載我以形하고,
재 아 이 형

육체로 나를 실어 주고,

勞我以生하며,
노 아 이 생

삶으로 나를 수고롭게 하며,

佚我以老하고,
일 아 이 로

늙음으로 나를 편안하게 하고,

息我以死라.
식 아 이 사

죽음으로 나를 쉬게 한다.

故善吾生者는,
고 선 오 생 자

그러므로 나의 삶을 좋게 여기는 자는

乃所以善吾死也라.
내 소 이 선 오 사 야

나의 죽음도 좋게 여기는 것이다.

| 단락 요지 | 시비와 생사를 초월한 진인의 경지를 제시하였다.

| 한자 풀이 | 涸 마를 학·말릴 학, 呴 숨 내쉴 구·꾸짖을 구, 濡 젖을 유·적실 유, 沫 거품 말·땀 흘릴 말, 塊 흙덩이 괴, 載 실을 재, 佚 편안할 일

6. 대종사 18-8

夫藏舟於壑하고,
부 장 주 어 학

배를 골짜기에 감추고

藏山[20]於澤하여,
어망을 못에 숨기고서

謂之固矣라.
견고하다고 한다.

然而夜半有力者가,
그러나 한밤중에 힘 있는 자가

負之而走라도,
둘러메고 달아나도

昧者不知也라.
깨닫지 못하는 자들은 모른다.[21]

藏小大有宜라도,
작고 큰 것을 감추는 데에 마땅한 곳이 있더라도

猶有所遯이라.
가지고 달아날 데는 있다.

若夫藏天下於天下하여,
만약 천하를 천하 속에 감추어

而不得所遯이라면,
가지고 달아날 데가 없다면,

是恒物之大情也라.
이것이 한결같은 만물의 큰 실상이다.[22]

---

20 산(山) : '산(汕)'과 통하여, '어망'을 가리킨다.
21 유력자(有力者)는 자연(自然)이자 도(道)로, 변화의 주체이다. 변화의 힘을 거스를 자가 없는데 깨닫지 못하는 자들(매자(昧者))은 견고하여 그대로 일 것이라고 믿는다.
22 도(道)를 가리킨다.

特犯人之形하여,
特 犯 人 之 形

단지 인간의 모습을 갖게 되었다고

而猶喜之나,
而 猶 喜 之

오히려 그것을 기뻐하는데

若人之形者는,
若 人 之 形 者

그 인간의 모습 같은 것은

萬化而未始有極也니,
萬 化 而 未 始 有 極 也

만 가지로 변화하여 애당초 기준이 없으니,

其爲樂可勝計邪아.
其 爲 樂 可 勝 計 邪

그 즐거워함을 이루 다 헤아릴 수 있겠는가.[23]

故聖人將遊於物之所不得遯하고,
故 聖 人 將 遊 於 物 之 所 不 得 遯

그러므로 성인은 만물의, 가지고 달아날 수 없는 경지 [도(道)의 경지]에서 노닐고

而皆存이라.
而 皆 存

모두 그대로 둔다.

善妖[24]善老하며,
善 妖 善 老

일찍 죽는 것도 좋게 여기고 오래 사는 것도 좋게 여기며

善始善終하니,
善 始 善 終

삶이 시작되는 것도 좋게 여기고 삶이 끝나는 것도 좋게 여기니,[25]

---

23 기준이 없는 현상에 일일이 대응할 수 없음을 들어 초월을 강조한 것이다.
24 요(妖) : '요(夭)'와 통하여, '일찍 죽다'의 뜻이다.

人猶效之라.
인 유 효 지

사람들은 그를 본받으려고 한다.

又況萬物之所係하고,
우 황 만 물 지 소 계

하물며 만물이 (거기에) 매여 있고

而一化之所待乎아.
이 일 화 지 소 대 호

한결같은 변화가 의지하는 것
〔도(道)〕이겠는가.

| 단락 요지 | 일체의 사물과 일체의 변화는 '도(道)'에서 벗어날 수 없으니, 그것을 따르고 거기에 맡기는 것이 '순응자연'이고 성인의 경지이다.
| 한자 풀이 | 藏 감출 장·숨을 장·곳집 장, 壑 구렁 학·골 학·강 학, 昧 새벽 매·어두울 매, 遯 달아날 둔(遁과 같은 자)·속일 둔, 恒 항구 항·항상 항·반달 긍·뻗칠 긍, 妖 아리따울 요·괴이할 요·재앙 요·아름다울 교, 係 걸릴 계

6. 대종사 18-9

夫道는,
부 도

무릇 도는

有情有信이나,
유 정 유 신

정황이 있고 믿을 만한
실재가 있지만

無爲無形하니,
무 위 무 형

행위가 없고 형체가 없으니,

---

25 수요(壽夭)와 생사(生死)를 초월한 경지이다.

可傳而不可受요,
가 전 이 불 가 수

(마음으로) 전할 수 있지
(손으로) 받을 수 없고,

可得而不可見이라.
가 득 이 불 가 견

(마음으로) 터득할 수 있지
(눈으로) 볼 수 없다.

自本自根하여,
자 본 자 근

스스로 밑동이 되고 스스로
뿌리가 되어,

未有天地에,
미 유 천 지

아직 천지가 있기 전에

自古以固存이라.
자 고 이 고 존

옛날부터 원래 존재했다.

神鬼神帝하며,
신 귀 신 제

귀신보다도 신령하고
상제보다도 신령하며,

生天生地라.
생 천 생 지

하늘을 낳고 땅을 낳았다.

在太極之上而不爲高하고,
재 태 극 지 상 이 불 위 고

태극의 위에 있으면서도 높지 않고

在六極之下而不爲深이라.
재 육 극 지 하 이 불 위 심

육극(六極)[26]의 아래에 있으면서도
깊지 않다.

---

26 육극(六極) : 「제물론」에 보이는 '육합(六合)'으로, 상하(上下)와 동서남북(東西南北)을 가리킨다.

先天地生而不爲久하고,
선 천 지 생 이 불 위 구

천지보다 앞서 생겨났으면서도 오래되지 않았고,

長於上古而不爲老라.
장 어 상 고 이 불 위 로

옛날보다 나이가 많으면서도 늙지 않았다.

狶韋氏得之하여,
시 위 씨 득 지

시위씨(狶韋氏)[27]는 그것을 얻어

以挈天地하고,
이 설 천 지

천지를 이끌었고,

伏羲氏得之하여,
복 희 씨 득 지

복희씨(伏戱氏)는 그것을 얻어

以襲氣母[28]하며,
이 습 기 모

원기(元氣)의 근원을 받았으며,

維斗得之하여,
유 두 득 지

북두성은 그것을 얻어

終古不忒하고,
종 고 불 특

영원히 어그러짐이 없고,

日月得之하여,
일 월 득 지

해와 달은 그것을 얻어

終古不息이라.
종 고 불 식

영원히 멈추지 않는다.

---

27 시위씨(狶韋氏) : 전설에 나오는 옛 제왕(帝王)의 이름이다.
28 기모(氣母) : 우주를 이룬 근원적인 물질을 가리킨다.

堪坏得之하여,
감 배 득 지

감배(堪坏)²⁹는 그것을 얻어

以襲崑崙하고,
이 습 곤 륜

곤륜산으로 들어갔고,

馮夷得之하여,
풍 이 득 지

풍이(馮夷)³⁰는 그것을 얻어

以遊大川하며,
이 유 대 천

황하에서 노닐었으며,

肩吾得之하여,
견 오 득 지

견오(肩吾)³¹는 그것을 얻어

以處大山하고,
이 처 태 산

태산에 머물렀고

皇帝得之하여,
황 제 득 지

황제(黃帝)³²는 그것을 얻어

以登雲天이라.
이 등 운 천

구름 위의 하늘에 올랐다.

顓頊得之하여,
전 욱 득 지

전욱(顓頊)³³은 그것을 얻어

以處玄宮하고,
이 처 현 궁

현궁(玄宮)³⁴에 머물렀고,

---

29 감배(堪坏) : 전설에 나오는 인면수신(人面獸身)의 신(神) 이름이다.
30 풍이(馮夷) : 황하(黃河)의 신 이름이다.
31 견오(肩吾) : 태산(泰山)의 신 이름이다.
32 황제(皇帝) : 옛 제왕의 이름으로 헌원씨(軒轅氏)이다.
33 전욱(顓頊) : 옛 제왕의 이름으로 황제(黃帝)의 손자인 고양씨(高陽氏)이다.
34 현궁(玄宮) : 전욱(顓頊)은 북방의 제왕이라서 현제(玄帝)라고 불리며, 그가 사는 궁이 현궁(玄宮)이다.

禺强得之하여,
우 강 득 지

立乎北極하며,
입 호 북 극

西王母得之하여,
서 왕 모 득 지

坐乎少廣하니,
좌 호 소 광

莫知其始하며,
막 지 기 시

莫知其終이라.
막 지 기 종

彭祖得之하여,
팽 조 득 지

上及有虞하고,
상 급 유 우

下及五伯라.
하 급 오 패

傅說得之하여,
부 열 득 지

우강(禺强)[35]은 그것을 얻어

북극에 섰으며,

서왕모(西王母)[36]는 그것을 얻어

소광산(少廣山)에 머무니,

그 시작을 아는 이가 없고

그 끝남을 아는 이가 없다.

팽조는 그것을 얻어

위로는 순임금에 이르고

아래로는 오패(五伯)[37]에까지 이르렀다.

부열(傅說)[38]은 그것을 얻어

---

35 우강(禺强) : 신화에 나오는 인면조신(人面鳥身)의 신 이름으로, 북해(北海)의 신이다.
36 서왕모(西王母) : 신화에 나오는 여신(女神)의 이름으로 소광산(少廣山)에 산다.
37 오패(五伯) : 여기서는 하(夏)의 곤오(昆吾), 은(殷)의 대팽(大彭), 시위(豕韋), 주(周)의 제환공(齊桓公), 진문공(晋文公)을 가리킨다.
38 부열(傅說) : 상대(商代)에 고종(高宗) 무정(武丁)을 도왔던 재상이다. 전설에 의하면 부열은 죽어 별이 되었다고 한다.

以相武丁하여,
이 상 무 정

무정(武丁)을 도움으로써

奄有天下하며,
엄 유 천 하

홀연 천하를 소유했으며,

乘東維³⁹하고,
승 동 유

동유성(東維星)에 오르고

騎箕尾⁴⁰하여,
기 기 미

기수(箕宿)와 미수(尾宿)에 걸터앉아

而比於列星이라.
이 비 어 열 성

뭇별과 나란하게 되었다.

| 단락 요지 | 도(道)의 본질을 제시하고, 그것을 터득하였던 이들을 들어 그 효능을 설명하였다.

| 한자 풀이 | 狶 멧돼지 희, 황제 이름 시, 挈 들 설·거느릴 설, 襲 엄습할 습·물려받을 습·들어갈 습, 忒 변할 특·어긋날 특, 堪 견딜 감, 坏 언덕 배, 馮 성 풍·탈 빙, 顓 전단할 전, 頊 삼갈 욱·사람 이름 욱, 禺 긴꼬리원숭이 우, 奄 가릴 엄·문득 엄, 騎 탈 기, 箕 키 기·별자리 기

---

39 동유(東維) : 별 이름으로 기성(箕星)과 미성(尾星) 사이에 있다.
40 기미(箕尾) : 28수(宿) 중의 두 별자리 이름이다.

6. 대종사 18-10

南伯子葵問乎女偊曰라.
남 백 자 규 문 호 여 우 왈

남백자규(南伯子葵)[41]가
여우(女偊)[42]에게 물었다.

子之年長矣로대,
자 지 년 장 의

"그대는 나이가 많은데도

而色若孺子하니,
이 색 약 유 자

얼굴빛이 어린아이와 같으니

何也오?
하 야

어찌된 일입니까?"

曰이라.
왈

여우가 대답하였다.

吾聞道矣라.
오 문 도 의

"나는 도를 들었기 때문이오."

南伯子葵曰이라.
남 백 자 규 왈

남백자규가 물었다.

道可得學邪아?
도 가 득 학 야

"도는 배울 수 있습니까?"

曰이라.
왈

여우가 대답하였다.

惡라.
오

"아!

---

41 남백자규(南伯子葵) : 남곽자기이다.
42 여우(女偊) : 도를 터득한 사람의 이름이다.

惡可리오.
오 가

어떻게 가능하겠소.

子非其人也라.
자 비 기 인 야

그대는 적절한 사람이 아니오.

夫卜梁倚有聖人之才나,
부 복 량 기 유 성 인 지 재

복량기(卜梁倚)[43]는 성인의 재주는 있으나

而無聖人之道하고,
이 무 성 인 지 도

성인의 도가 없고

我有聖人之道나,
아 유 성 인 지 도

나는 성인의 도는 있지만

而無聖人之才라.
이 무 성 인 지 재

성인의 재주가 없소.

吾欲以敎之하니,
오 욕 이 교 지

내가 그를 가르치고자 하였으니,

庶幾其果爲聖人乎인저.
서 기 기 과 위 성 인 호

그가 결국 성인이 되기를 기대하였소.

不然이라도,
불 연

그렇지 않더라도

以聖人之道로,
이 성 인 지 도

성인의 도를 가지고

告聖人之才는,
고 성 인 지 재

성인의 재주를 가진 자를 가르치는 것은

---

43 복량기(卜梁倚) : 사람 이름이다.

亦易矣라.
역이의

또한 쉬운 일이오.

吾猶守而告之하니,
오유수이고지

나는 그래도 지켜보면서
그를 가르쳤는데,

參日而後에,
삼일이후

3일이 된 뒤에

能外天下라.
능외천하

능히 천하를 초월하게 되었소.

已外天下矣에,
이외천하의

이미 천하를 초월하게 되고

吾又守之하니,
오우수지

나는 또 그를 지켜보았는데,

七日而後에,
칠일이후

7일이 된 뒤에

能外物이라.
능외물

능히 사물을 초월하게 되었소.

已外物矣에,
이외물의

이미 사물을 초월하게 되고

吾又守之하니,
오우수지

내가 또 그를 지켜보았는데,

九日而後에,
구일이후

9일이 된 뒤에

能外生이라.
능외생

능히 삶을 초월하게 되었소.

已外生矣而後에,   이미 삶을 초월하게 된 뒤에

能朝徹이라.   아침 해가 비추듯이 될 수 있었다오.

朝徹而後에,   아침 해가 비추듯이 된 뒤에

能見獨하고,   유일한 경지[도(道)]를
볼 수 있었고,

見獨而後에,   유일한 경지를 보게 된 뒤에는

能無古今하며,   고금(古今)의 차별이
없을 수 있었으며,

無古今而後에,   고금의 차별이 없게 된 뒤에

能入於不死不生이라.   죽지 않고 살지 않는 경지[44]에
들어갈 수 있었소.

殺生者不死하고,   삶을 죽이는 것[도(道)]은
죽지 않고,

生生者不生이라.   삶을 내는 것[도(道)]은
태어나지도 않는다오.

---

44 죽음과 삶을 초월한 경지이다.

其爲物에,
기 위 물

그것은 만물에 대하여

無不將也하고,
무 부 장 야

보내지 않음이 없고,

無不迎也하며,
무 불 영 야

맞이하지 않음이 없으며,

無不毁也하고,
무 불 훼 야

파괴하지 않음이 없고,

無不成也니,
무 불 성 야

이루지 않음이 없으니,

其名爲攖寧이라.
기 명 위 영 녕

그 이름을 '어지러운 채로 편안함〔영녕(攖寧)〕'[45]이라고 한다오.

攖寧也者는,
영 녕 야 자

"어지러운 채로 편안하다"는 것은

攖而後成者也라.
영 이 후 성 자 야

어지러운 뒤에 완성되는 것이오."

南伯子葵曰이라.
남 백 자 규 왈

남백자규가 물었다.

子獨惡乎聞之오?
자 독 오 호 문 지

"당신은 홀로 어디에서
도를 들었습니까?"

---

45 '어지러운 채로 편안함〔영녕(攖寧)〕' : 만물이 서로 얽혀 어지러운 것을, 있는 그대로 대함으로써 조화를 이룬 경지이다.

曰이라. _왈	여우가 대답하였다.
聞諸副墨之子⁴⁶하니, _{문 저 부 묵 지 자}	"부묵(副墨)의 아들에게서 들었는데,
副墨之子聞諸洛誦之孫⁴⁷하고, _{부 묵 지 자 문 저 락 송 지 손}	부묵의 아들은 그것을 낙송(洛誦)의 손자에게서 들었고,
洛誦之孫聞之瞻明⁴⁸하며, _{낙 송 지 손 문 지 첨 명}	낙송의 손자는 첨명(瞻明)에게서 들었으며,
瞻明聞之聶許⁴⁹하고, _{첨 명 문 지 섭 허}	첨명은 섭허(聶許)에게서 들었고,
聶許聞之需役⁵⁰하며, _{섭 허 문 지 수 역}	섭허는 수역(需役)에게서 들었으며,
需役聞之於謳⁵¹하고, _{수 역 문 지 오 구}	수역은 오구(於謳)에게서 들었고,

---

46 부묵지자(副墨之子) : 부묵(副墨)은 문자(文字)를 상징하고, 부묵지자(副墨之子)는 문자로 전해져 내려온 것을 가리킨다. 이하의 인명들도 모두 장자가 의미를 부여한 우언(寓言)이다.
47 낙송지손(洛誦之孫) : 낙송(洛誦)은 언어(言語)를 상징하고, 낙송지손(洛誦之孫)은 언어로 전해져 내려온 것을 가리킨다.
48 첨명(瞻明) : 도를 눈으로 보아 아는 것을 상징한다.
49 섭허(聶許) : 도를 귀로 들어 아는 것을 상징한다.
50 수역(需役) : 도를 수행(修行)한 것을 가리킨다.
51 오구(於謳) : 도를 즐기는 단계로, 노래하고 읊조리는 것을 가리킨다.

於謳聞之玄冥[52]하며,
오구문지현명

오구는 현명(玄冥)에게서
들었으며,

玄冥聞之參寥[53]하고,
현명문지참요

현명은 참료(參寥)에게서 들었고,

參寥聞之疑始[54]니라.
참요문지의시

참료는 의시(疑始)에게서 들었소."

| 단락 요지 | 도를 체득하는 단계별 상황을 비유한 것이다.
| 한자 풀이 | 葵 아욱 규·해바라기 규·헤아릴 규, 偊 혼자 걸을 우, 孺 젖먹이 유, 倚 의지할 의·기울 의·기이할 기·병신 기, 徹 통할 철·뚫을 철, 攖 가까이할 영·어지러울 영·걸릴 영, 瞻 볼 첨, 聶 소곤거릴 섭·쥘 섭, 於 어조사 어·기댈 어·오홉다할(감탄사) 오, 謳 노래할 구·읊조릴 구, 寥 쓸쓸할 료·텅 빌 료

6. 대종사 18-11

子祀·子輿·子犁·子來四人이,
자사 자여 자리 자래사인

자사(子祀), 자여(子輿), 자리(子犁), 자래(子來)[55] 네 사람이

---

52 현명(玄冥) : 도의 깊고 고요한 경지를 가리킨다.
53 참료(參寥) : 도의 오묘하고 텅 빈 경지를 가리킨다.
54 의시(疑始) : 잘 알 수 없는 시원(始原), 즉 도의 원래 상태인 혼돈의 경지를 가리킨다.
55 자사(子祀)·자여(子輿)·자리(子犁)·자래(子來) : 장자가 가탁한 허구적 인물이다.

相與語曰이라.
상여어왈

서로 이야기를 나누었다.

孰能以無爲首하고,
숙능이무위수

"누가 능히 무(無)로 머리를 삼고,

以生爲脊하고,
이생위척

삶으로 척추를 삼으며,

以死爲尻하며,
이사위고

죽음으로 엉덩이를 삼고,

孰知死生存亡之一體者면,
숙지사생존망지일체자

누가 생사(生死)와 존망(存亡)을 하나로 볼 줄 안다면,

吾與之友矣리라.
오여지우의

나는 그와 벗이 되리라."

四人相視而笑한대,
사인상시이소

네 사람이 서로 보고 웃으면서

莫逆於心하여,
막역어심

마음에 거슬리는 것이 없어

遂相與爲友라.
수상여위우

마침내 서로 벗이 되었다.

俄而[56]子輿有病하여,
아이 자여유병

얼마 후 자여가 병이 심해져

子祀往問之하니,
자사왕문지

자사가 찾아가 문병하니,

---

[56] 아이(俄而) : '잠시 후', '얼마 후'의 뜻이다.

| 曰이라.
_왈 | 자여가 말하였다. |

偉哉라.
_{위 재}

"위대하구나.

夫造物者가,
_{부 조 물 자}

저 조물주가

將[57]以予爲此拘拘[58]也로다.
_{장   이여위차구 구   야}

아마 나를 이렇게 굽은 모습으로 만들었을 것이다.

曲僂[59]發背하고,
_{곡 루   발 배}

곱사등이 뒤에 생겨났고

上有五管하며,
_{상 유 오 관}

위에 오장이 있으며,

頤隱於齊하고,
_{이 은 어 제}

턱은 배꼽에 숨어 있고

肩高於頂하며,
_{견 고 어 정}

어깨는 정수리보다 높으며,

句贅[60]指天이라.
_{구 췌   지 천}

혹은 하늘을 가리키는구나."

陰陽之氣有沴이나,
_{음 양 지 기 유 전}

음양의 기운은 어지러워져 있으나

---

57 장(將) : 추측을 나타내는 부사이다.
58 구구(拘拘) : 굽은 모습이다.
59 곡루(曲僂) : 굽은 곱사등을 가리킨다.
60 구췌(句贅) : 꼽추의 등에 불거진 혹을 가리킨다.

其心閒而無事라.
기 심 한 이 무 사

그의 마음은 한가하여 일이 없었다.

跰䠂[61]而鑑於井曰이라.
변 선   이 감 어 정 왈

비틀거리며 가서 우물에 자신을 비추어 보고 말하였다.

嗟乎라.
차 호

"아아,

夫造物者는,
부 조 물 자

저 조물주가

又將以予爲此拘拘也로다.
우 장 이 여 위 차 구 구 야

역시 아마 나를 이렇게 굽은 모습으로 만들었을 것이다."

子祀曰이라.
자 사 왈

자사가 말하였다.

女惡之乎아?
여 오 지 호

"그대는 그것을 싫어하는가?"

曰이라.
왈

자여가 말하였다.

亡라.
무

"아니다.

予何惡리오.
여 하 오

내 어찌 싫어하겠는가.

浸假[62]而化予之左臂以爲雞어든,
침 가   이 화 여 지 좌 비 이 위 계

가정하여 나의 왼팔을 변화시켜 닭으로 만든다면,

---

61 변선(跰䠂) : 비틀거리는 모습이다.

| 予因以求時夜하고, | 나는 따라서 밤을 알리기를 |
| 여 인 이 구 시 야 | 바랄 것이고, |

浸假而化予之右臂以爲彈이어든,　가정하여 내 오른팔을 변화시켜
침 가 이 화 여 지 우 비 이 위 탄　　탄환으로 만든다면,

予因以求鴞炙하며,　나는 따라서 올빼미 구이를
여 인 이 구 효 자　　얻으려고 할 것이며,

浸假而化予之尻以爲輪이어든,　가정하여 나의 엉덩이를 변화시켜
침 가 이 화 여 지 고 이 위 륜　　수레바퀴로 만든다면

以神爲馬하여,　정신을 말[馬]로 삼아
이 신 위 마

予因以乘之리니,　나는 따라서 그것을 탈 것이니
여 인 이 승 지

豈更駕哉리오.　어찌 다른 수레를 바꿔 타겠는가.
기 경 가 재

且夫得者는,　무릇 (삶을) 얻은 것은
차 부 득 자

時也오,　(올) 때가 된 것이고,
시 야

失者는,　잃는 것은
실 자

---

62 침가(浸假) : '가령(假令)', '가사(假使)'의 뜻이다.

| 順也라.
| 순야

(천명을) 따르는 것이다.

| 安時而處順하면,
| 안 시 이 처 순

올 때를 편안히 여기고 천명을
따름에 맡기면,

| 哀樂不能入也니,
| 애 락 불 능 입 야

슬픔과 즐거움이 끼어들 수 없으니,

| 此古之所謂縣解也어늘,
| 차 고 지 소 위 현 해 야

이것이 옛날에 일컬었던, '매달린
데에서 풀어 주는 것
〔현해(縣解)〕'인데,

| 而不能自解者는,
| 이 불 능 자 해 자

스스로 풀지 못하는 것은

| 物有結之라.
| 물 유 결 지

외물(外物)이 그를 묶고 있기
때문이다.

| 且夫物不勝天久矣어니,
| 차 부 물 불 승 천 구 의

또한 외물이 하늘을 이기지 못함이
오래되었는데

| 吾又何惡焉이리오.
| 오 우 하 오 언

내 어찌 이것을 싫어하겠는가."

| 단락 요지 | 형체(形體)와 사생(死生) 등의 외적인 차별과 변화를 초월한 자여(子輿)를 통하여, '순응자연'의 이치를 설명하였다.
| 한자 풀이 | 犁 얼룩소 리·쟁기 려, 脊 등성마루 척·등뼈 척, 尻 꽁무니 고·엉덩이 고, 僂 구부릴 루·곱사등이 루, 頤 턱 이, 齊 가지런할

6. 대종사(大宗師)_291

제 · 배꼽 제(臍와 통용) 제나라 제, 贅 혹 췌, 疹 해칠 려 · 물가 려 · 어지러울 전, 跰 비틀거릴 변, 鮮 비틀거릴 선(躚과 같은 자), 浸 담글 침 · 점차 침, 臂 팔 비, 鴞 부엉이 효, 炙 고기 구울 자 · 구운 고기 자 · 구운 고기 적

6. 대종사 18-12

俄而子來有病하여,
아 이 자 래 유 병

얼마 후 자래(子來)가 병이 심해져

喘喘然將死에,
천 천 연 장 사

숨을 헐떡이며 장차 죽게 되자,

其妻子環而泣之라.
기 처 자 환 이 읍 지

그의 처자들이 둘러서서 울었다.

子犁往問之曰이라.
자 리 왕 문 지 왈

자리가 문병하러 갔다가 말하였다.

叱.
질

"저런!

避하라.
피

물러나시오.

無怛化하라.
무 달 화

죽어 가는 자를 놀라게 하지 마시오."

倚其戶與之語曰이라.
의 기 호 여 지 어 왈

(자리는) 문에 기대어 그에게 말하였다.

偉哉라.
위 재

"위대하구나!

造化여.
조 화

조물주여!

又將奚以汝爲하며,
우 장 해 이 여 위

또 장차 그대를 무엇으로
만들려고 하며,

將奚以汝適고?
장 해 이 여 적

장차 그대를 어디로
데려가려는 걸까?

以汝爲鼠肝乎아,
이 여 위 서 간 호

그대를 쥐의 간으로 만들려는가,

以汝爲蟲臂乎아?
이 여 위 충 비 호

그대를 벌레의 팔로 만들려는가?"

子來曰이라.
자 래 왈

자래가 말하였다.

父母於[63]子는,
부 모 어   자

"부모와 자식의 관계는

東西南北에,
동 서 남 북

동서남북 어디든

唯命之從이라.
유 명 지 종

오직 명을 따를 뿐이네.

陰陽於人은,
음 양 어 인

음양(陰陽)[64]과 사람의 관계는

---

63 어(於) : 연사로, '여(與)'와 같다.

不翅於父母라.
불 시 어 부 모

부모 정도일 뿐이 아니지.

彼近吾死한대,
피 근 오 사

그것이 나를 죽음으로
다가가게 하는데

而我不聽하면,
이 아 불 청

내가 듣지 않는다면

我則悍矣오,
아 즉 한 의

내가 바로 고집 부리는 것이지,

彼何罪焉리오.
피 하 죄 언

그것이 무슨 잘못이 있겠는가.

夫大塊는,
부 대 괴

대자연은

載我以形하고,
재 아 이 형

육체로 나를 실어주고,

勞我以生하며,
노 아 이 생

삶으로 나를 수고롭게 하며,

佚我以老하고,
일 아 이 로

늙음으로 나를 편안하게 하고,

息我以死라.
식 아 이 사

죽음으로 나를 쉬게 한다.

故善吾生者는,
고 선 오 생 자

그러므로 나의 삶을 좋게
여기는 자는

---

64 음양(陰陽) : 자연의 모든 변화(變化)를 일으키는 것이다.

| 乃所以善吾死也라. | 나의 죽음도 좋게 여기는 것이다. |
| 내 소 이 선 오 사 야 | |

今大冶鑄金한대,
금 대 야 주 금

지금 대장장이가 쇠를 주조(鑄造)하는데

金踊躍曰하여,
금 용 약 왈

쇠가 날뛰면서 말하기를,

我且必爲鏌鋣라면,
아 차 필 위 막 야

"나는 장차 반드시 막야(鏌鋣)[65]가 되겠다"라고 한다면

大冶必以爲不祥之金이리라.
대 야 필 이 위 불 상 지 금

대장장이는 반드시 불길한 쇠라고 여길 것이다.

今一犯人之形而曰하여,
금 일 범 인 지 형 이 왈

지금 한번 인간의 모습을 갖게 되었다고 해서 말하기를,

人耳라.
인 이

"사람만 되겠다.

人耳라 하면,
인 이

사람만 되겠다"라고 한다면

夫造化者必以爲不祥之人이리라.
부 조 화 자 필 이 위 불 상 지 인

저 조물주는 반드시 불길한 사람이라고 여길 것이다.

---

65 막야(鏌鋣) : 명검의 이름으로, '막야(莫邪)'로도 쓴다. 춘추시대(春秋時代)에 간장(干將)과 막야(鏌鋣)라는 부부가 있었는데, 초왕(楚王)을 위하여 칼을 만들었다. 3년 만에 완성하고는 웅검(雄劍)을 '간장(干將)'이라 하고, 자검(雌劍)을 '막야(鏌鋣)'라고 하였다고 한다.

今一以天地爲大鑪하고,
금 일 이 천 지 위 대 로

지금 만일 천지를 큰 화로라고 하고

以造化爲大冶라면,
이 조 화 위 대 야

조물주를 대장장이라고 한다면

惡乎往而不可哉리오.
오 호 왕 이 불 가 재

어디에 가든 안 될 것인가.

成然[66]寐하고,
성 연 매

편안히 잠들고〔죽고〕

蘧然[67]覺니라.
거 연 교

갑자기 깨어나는〔태어나는〕 것이로다."

| 단락 요지 | 삶과 죽음은 자연의 변화 과정임을 깨닫고 '순응자연'해야 하는 이치를 대장장이와 쇠, 조물주와 인간의 비유를 들어 설명하였다.

| 한자 풀이 | 喘 헐떡거릴 천, 叱 꾸짖을 질 · 혀 차는 소리 질, 怛 슬플 달 · 놀랄 달, 翅 날개 시 · 뿐 시(啻와 통용), 悍 사나울 한 · 굳셀 한, 冶 쇠 불릴 야, 鑄 쇠 부어 만들 주, 踊 뛸 용, 躍 뛸 약, 鏌 칼 이름 막, 鋣 칼 이름 야, 鑪 화로 로

---

66 성연(成然) : 편안한 모습이다.
67 거연(蘧然) : 놀라는 모습이다.

6. 대종사 18-13

| 子桑戶·孟子反·子琴張三人이, | 자상호(子桑戶), 맹자반(孟子反), 자금장(子琴張)[68] 세 사람이 |

相與友曰이라.   함께 교유하며 말하였다.

孰能相與於無相與하고,   "누가 서로 어울림이 없는 데에서 서로 어울릴 수 있고,

相爲於無相爲하며,   서로 위함이 없는 데에서 서로 위할 수 있으며,

孰能登天遊霧하고,   누가 하늘에 올라 안개 속에 노닐고

撓挑[69]無極하며,   끝없는 경지에서 자유로이 다니며

相忘以生하여,   서로 삶도 잊은 채

無所終窮이리오?   다하는 바가 없을 수 있을까?"

---

68 자상호(子桑戶)·맹자반(孟子反)·자금장(子琴張): 공자와 같은 시대를 살았던 인물들이다.
69 효도(撓挑): 자유롭게 다니는 모습이다.

| 三人相視而笑하고, | 세 사람이 서로 보고 웃으면서 |
| 삼 인 상 시 이 소 | |

莫逆於心하여,
막 역 어 심

마음에 거슬림이 없어

遂相與爲友라.
수 상 여 위 우

마침내 서로 벗이 되었다.

莫然[70]有間하여,
막 연   유 간

아무 일이 없이 얼마 있다가

而子桑戶死라.
이 자 상 호 사

자상호가 죽었다.

未葬에,
미 장

아직 장례를 지내기 전에

孔子聞之하고,
공 자 문 지

공자가 이를 듣고

使子貢往侍事焉한대,
사 자 공 왕 시 사 언

자공(子貢)[71]을 보내어 일을 돕게 하였는데,

或編曲하고,
혹 편 곡

어떤 사람은 노래를 이어가고

或鼓琴하여,
혹 고 금

어떤 사람은 거문고를 켜는데

相和而歌曰이라.
상 화 이 가 왈

서로 어울리며 다음과 같이 노래하였다.

---

70 막연(莫然) : 조용하고 일 없는 모습이다.
71 자공(子貢) : 공자의 제자로, 성은 단목(端木)이고 이름은 사(賜)이다.

嗟來桑戶乎여.
차 래 상 호 호

"아아 상호여!

嗟來桑戶乎여.
차 래 상 호 호

아아 상호여!

而已反其眞[72]이어늘,
이 이 반 기 진

그대는 이미 참된 경지
〔자연(自然)〕로 돌아갔는데

而我猶爲人猗[73]로다.
이 아 유 위 인 의

우리는 아직도 사람이로구나."

子貢趨而進曰이라.
자 공 추 이 진 왈

자공이 종종걸음으로 가서 물었다.

敢問臨尸而歌가,
감 문 림 시 이 가

"감히 묻겠는데, 주검 앞에서
노래를 부르는 것이

禮乎아?
예 호

예입니까?"

二人相視而笑曰이라.
이 인 상 시 이 소 왈

두 사람이 서로 마주보고 웃으면서
말하였다.

是惡知禮意리오.
시 오 지 례 의

"이 사람이 어떻게 예의 의미를
알겠는가."

---

[72] 진(眞) : 자연(自然)의 경지이다. 여기서는 죽음을 가리킨다.
[73] 의(猗) : 감탄어기사이다.

子貢反하여,
자공반

以告孔子曰이라.
이고공자왈

彼何人者邪오?
피하인자야

修行無有하고,
수행무유

而外其形骸하여,
이외기형해

臨尸而歌어늘,
임시이가

顔色不變하니,
안색불변

無以命之니이다.
무이명지

彼何人者邪오?
피하인자야

孔子曰이라.
공자왈

彼遊方[74]之外者也오,
피유방 지외자야

자공이 돌아와

공자에게 아뢰었다.

"그들은 어떤 사람들입니까?

행실을 닦는 일도 없고,

그 형체를 초월하여

주검 앞에서 노래하면서

안색이 달라지지 않으니,

그들을 이름 지을 수 없습니다.

그들은 어떤 사람들입니까?"

공자가 대답하였다.

"저 사람들은 세속의 밖에서 노니는 자들이고

---

[74] 방(方) : 세속의 공간, 나아가 사고 영역까지를 가리킨다.

| 而丘遊方之內者也라.
이 구 유 방 지 내 자 야 | 나는 세속의 안에서 노니는 자이다. |

| 外內不相及이어늘,
외 내 불 상 급 | 밖과 안은 서로 미치지 못하는데 |

| 而丘使女往弔之하니,
이 구 사 녀 왕 조 지 | 내가 너로 하여금 가서
조문케 하였으니 |

| 丘則陋矣라.
구 즉 루 의 | 내가 천박했다. |

| 彼方且與造物者爲人[75]하여,
피 방 차 여 조 물 자 위 인 | 그들은 한창 조물자와 짝이 되어 |

| 而遊乎天地之一氣[76]라.
이 유 호 천 지 지 일 기 | 천지의 원기(元氣)에서 노닌다. |

| 彼以生爲附贅縣疣하고,
피 이 생 위 부 췌 현 우 | 그들은 삶을, 달려 있는
혹으로 여기고, |

| 以死爲決疣潰癰이라.
이 사 위 결 환 궤 옹 | 죽음을, 종기를 터뜨리는 것으로
여긴다. |

| 夫若然者가,
부 약 연 자 | 그와 같은 자가 |

| 又惡知死生先後之所在리오.
우 오 지 사 생 선 후 지 소 재 | 어찌 삶과 죽음, 앞과 뒤가
있는 바를 알겠느냐. |

---

75 인(人) : 벗〔우(友)〕을 의미한다.
76 일기(一氣) : 원기(元氣)이다.

假於異物[77]하여,　　　　　　다른 것들을 빌려
가 어 이 물

托於同體하니,　　　　　　　한 몸에 의탁하였으니
탁 어 동 체

忘其肝膽하고,　　　　　　　간이나 쓸개를 잊고
망 기 간 담

遺其耳目이라.　　　　　　　귀나 눈 등도 초월한다.
유 기 이 목

反覆終始에,　　　　　　　　반복되는 마지막과 처음에 대하여
반 복 종 시

不知端倪하고,　　　　　　　그 시작과 끝을 알지 못하고
부 지 단 예

芒然[78]彷徨乎塵垢之外하며,　무심하게 세속의 밖에서 노닐며
망 연　 방 황 호 진 구 지 외

逍遙乎無爲之業하니,　　　　무위의 경지에서 소요하니,
소 요 호 무 위 지 업

彼又惡能憒憒然[79]爲世俗之禮하여,　그들이 어찌 어수선하게
피 우 오 능 궤 궤 연　 위 세 속 지 례
　　　　　　　　　　　　　　세속의 예를 차리면서

以觀衆人之耳目哉리오.　　　뭇사람의 이목을 살필 수 있겠는가."
이 관 중 인 지 이 목 재

---

77 이물(異物): 몸을 구성하는 여러 요소들, 예를 들면 오행(五行)이나 기(氣) 등을 가리킨다.
78 망연(芒然): '망연(茫然)'과 마찬가지로, 무심한 모습이다.
79 궤궤연(憒憒然): 어수선한 모습이다.

|단락 요지| 위 단락과 마찬가지로 생사를 초월한 방외인(方外人)의 경지를 제시하였다.

|한자 풀이| 撓 휠 뇨·꺾일 뇨·돌 효, 挑 돋울 도·다닐 도, 侍 모실 시·권할 시·따를 시, 猗 아름다울 의·감탄어조사 의, 贅 혹 췌·군더더기 췌, 疣 혹 우, 疽 종기 환, 潰 무너질 궤·무너뜨릴 궤·문드러질 궤·어지러울 궤, 癰 악창 옹, 倪 어린이 예·끝 예, 憒 심란할 궤

6. 대종사 18-14

子貢曰이라.
자공왈

자공이 물었다.

然則夫子何方之依니이까?
연즉부자하방지의

"그렇다면 선생님께서는 어느 쪽을 따르시겠습니까?"

孔子曰이라.
공자왈

공자가 대답하였다.

丘天之戮民也라.
구천지륙민야

"나는 하늘이 벌을 내린 사람이다.[80]

雖然이나,
수연

비록 그러하나

吾與汝共之라.
오여여공지

너와 그것을 함께하고자 한다."[81]

---

80 세속의 속박에서 벗어나지 못한 것을 가리킨다.
81 방외지도(方外之道)를 추구하고자 하는 뜻을 가리킨다.

子貢曰이라.
자 공 왈

자공이 물었다.

敢問其方하노이다.
감 문 기 방

"삼가 그 방법을 여쭙겠습니다."

孔子曰이라.
공 자 왈

공자가 대답하였다.

魚相造乎水하고,
어 상 조 호 수

"물고기는 함께 물에 이르고

人相造乎道라.
인 상 조 호 도

사람은 함께 도에 이른다.

相造乎水者는,
상 조 호 수 자

함께 물에 이르는 것들은

穿池而養給하고,
천 지 이 양 급

연못을 파줌으로써 기르는 것이 충분하고,

相造乎道者는,
상 조 호 도 자

함께 도에 이르는 자들은

無事而生定이라.
무 사 이 생 정

일이 없음으로써 삶이 안정된다.

故曰하노니,
고 왈

그래서 말하기를,

魚相忘乎江湖하고,
어 상 망 호 강 호

물고기는 강과 호수에서 서로를 잊고

人相忘乎道術이라.
인 상 망 호 도 술

사람은 도(道)에서 서로를 잊는다고 한다.

子貢曰이라.
자 공 왈

자공이 물었다.

敢問畸人하노이다.
감 문 기 인

"삼가 기인(畸人)[82]에 대해 여쭙겠습니다."

曰이라.
왈

공자가 대답하였다.

畸人者는,
기 인 자

"기인이란

畸於人하고,
기 어 인

사람과는 다르고

而侔於天이라.
이 모 어 천

하늘을 따른다.

故曰하노니,
고 왈

그래서 말하기를,

天之小人은,
천 지 소 인

"하늘의 소인은

人之君子요,
인 지 군 자

인간 세계의 군자이고

天之君子는,
천 지 군 자

하늘의 군자는

人之小人也니라.
인 지 소 인 야

인간 세계의 소인이라고 하는 것이다.[83]

---

82 기인(畸人) : 기인(奇人)의 뜻으로, 여기서는 세속(世俗)에서 벗어난 사람을 가리킨다.
83 방내(方內)와 방외(方外)의 시각 차이를 설명한 것이다.

| 단락 요지 | 방내(方內)의 인위(人爲)와 방외(方外)의 자연〔自然 : 도(道)〕을 대비하여, '무위자연(無爲自然)'의 경지를 제시하였다.
| 한자 풀이 | 戮 죽일 륙·형벌 륙, 穿 뚫을 천, 畸 뙈기밭 기·기이할 기, 侔 같을 모·따를 모·꾀할 모

6. 대종사 18-15

顔回問仲尼曰이라.
안 회 문 중 니 왈

안회가 공자에게 물었다.

孟孫才는,
맹 손 재

"맹손재(孟孫才)[84]는

其母死에,
기 모 사

그의 어머니가 죽었을 때

哭泣無涕하고,
곡 읍 무 체

곡을 하면서도 눈물을
흘리지 않았고,

中心不戚하며,
중 심 불 척

마음속으로 슬퍼하지 않았으며,

居喪不哀라.
거 상 불 애

거상 중에도 애통해하지 않았습니다.

無是三者어늘,
무 시 삼 자

이 세 가지가 없건만

---

84 맹손재(孟孫才) : 노나라의 대부로, 공자와 같은 시대 사람이다.

以善處喪蓋魯國이니이다.
이 선 처 상 개 로 국

장례(葬禮)를 잘 치른 것으로
노(魯)나라에 소문났습니다.

固有無其實이어늘,
고 유 무 기 실

본디 그 실상이 없는데도

而得其名者乎아?
이 득 기 명 자 호

명성을 얻는 경우가 있습니까?

回壹怪之니이다.
회 일 괴 지

저는 내내 그 점을 괴이하게
생각하고 있습니다."

仲尼曰이라.
중 니 왈

공자가 대답하였다.

夫孟孫氏盡之矣하니,
부 맹 손 씨 진 지 의

"맹손씨(孟孫氏)는 지극하였으니,

進於知矣라.
진 어 지 의

(예를) 아는 것보다도 뛰어났다.

唯簡之而不得이어늘,
유 간 지 이 부 득

다만 간소하게 하려 해도
할 수 없었는데

夫已有所簡矣라.
부 이 유 소 간 의

그는 이미 간소하게 한 점이 있다.

孟孫氏는,
맹 손 씨

맹손씨는

不知所以生하고,
부 지 소 이 생

인간이 태어난 까닭을 모르고,

不知所以死하며,
부 지 소 이 사

죽는 까닭을 모르며,

不知就先⁸⁵하고,
부 지 취 선

태어나기 전을 추구할 줄 모르고

不知就後⁸⁶라.
부 지 취 후

죽은 뒤를 추구할 줄 몰랐다.[87]

若化⁸⁸爲物하고,
약 화 위 물

변화를 따라 만물이 되고

以待其所不知之化已乎인저.
이 대 기 소 부 지 지 화 이 호

그가 알지 못하는 변화를
대할 뿐이다.

且方將化에,
차 방 장 화

또 막 변화하면서

惡知不化哉며,
오 지 불 화 재

어떻게 변화하지 않았을 때를 알며,

方將不化에,
방 장 불 화

아직 변화하지 않았을 때에

惡知已化哉리오.
오 지 이 화 재

어떻게 변화한 뒤를 알겠는가.

吾特與汝로,
오 특 여 여

나와 단지 너만이

---

85 선(先) : 생전(生前)을 가리킨다.
86 후(後) : 사후(死後)를 가리킨다.
87 생사(生死), 선후(先後) 등에서 초월한 상태를 가리킨다.
88 약화(若化) : '약(若)'은 '순(順)'의 뜻이니, '약화(若化)'는 자연의 변화에 따르는 것이다.

其夢未始覺者邪인저.
기 몽 미 시 교 자 야

아마도 꿈을 애당초 깨지 못한 자들이리라.

且彼有駭形이라도,
차 피 유 해 형

또 그는 형체(의 변화)에 놀라는 일이 있더라도

而無損心하고,
이 무 손 심

마음을 손상시킴이 없고

有旦宅[89]하여,
유 단 택

몸을 놀라게 함은 있지만

而無情死라.
이 무 정 사

정신이 죽는 일은 없다.[90]

孟孫氏特覺이나,
맹 손 씨 특 교

맹손씨는 홀로 깨어 있었으나

人哭亦哭하니,
인 곡 역 곡

남이 곡을 하면 그도 또한 곡을 했으니,

是自其所以乃[91]라.
시 자 기 소 이 내

이것이 바로 그 소문이 그러했던 까닭이었다.

且也相與吾之耳矣나,
차 야 상 여 오 지 이 의

또 함께 더불어 있는 것을 내 것이라고 여기지만

---

89 단택(旦宅) : '단(旦)'은 '놀라다(怛)'의 뜻이고, '택(宅)'은 마음이 머무는 집, 즉 몸을 가리킨다.
90 이설이 많은 구절이다. '정(情)'을 '정(精)'으로 본 설을 따랐다.
91 내(乃) : '연(然)'과 같다.

庸詎知吾所謂吾之乎아. 용 거 지 오 소 위 오 지 호	어찌 내가 말한 바의 내 것이라고 여기는 것에 대해 알겠는가.[92]
且汝夢爲鳥하여, 차 여 몽 위 조	또 너는 꿈에 새가 되어
而厲乎天하고, 이 려 호 천	하늘에 이르기도 하고
夢爲魚하여, 몽 위 어	꿈에 물고기가 되어
而沒於淵이라. 이 몰 어 연	연못 속으로 들어가기도 한다.
不識今之言者가, 불 식 금 지 언 자	알 수 없지만 지금 말하고 있는 우리가
其覺者乎아, 기 교 자 호	깨어 있는 것인가
其[93]夢者乎아? 기 몽 자 호	아니면 꿈꾸고 있는 것인가?
造[94]適不及笑하고, 조 적 불 급 소	잠시 쾌적한 것이 웃는 것만 못하고

---

92 보통 사람들은 살아서는 생(生)이 내 것이라고 여기는데, 이것이 참인지를 어찌 알겠는가의 뜻이다. 다음에 나오는 꿈 이야기가 이에 대한 설명으로, 역시 호접몽(胡蝶夢)의 의경이다.
93 기(其) : 반어사로, '억(抑)'과 같은 기능을 갖는다.
94 조(造) : '조차(造次)', 즉 '잠시'의 뜻이다.

| 獻笑不及排라.
| 헌 소 불 급 배

웃음을 내는 것이 (자연의) 추이에
맡기는 것만 못하다.

| 安排而去化면,
| 안 배 이 거 화

편안히 추이에 맡긴 채 변화해 가면

| 乃入於寥天一[95]이리라.
| 내 입 어 요 천 일

곧 고요하게 하늘과 하나 되는
경지에 들어간다."

| 단락 요지 | 생사에서 초월한 맹손씨(孟孫氏)의 경지를 들어, '순응자연'의 이치를 설명하였다.
| 한자 풀이 | 涕 눈물 체·울 체, 戚 슬퍼할 척·근심할 척·겨레 척, 蓋 덮을 개·덮개 개, 駭 놀랄 해, 厲 갈 려·이를 려, 排 밀칠 배·물리칠 배·늘어설 배, 寥 쓸쓸할 료·빌 료

6. 대종사 18-16

| 意而子見許由한대,
| 의 이 자 견 허 유

의이자(意而子)[96]가
허유를 만났는데,

| 許由曰이라.
| 허 유 왈

허유가 물었다.

---

95 천일(天一) : 곽상은 '天一'을 '與天爲一'로 설명하였다(곽경번, 앞의 책, p.278).
96 의이자(意而子) : 장자가 설정한 허구적 인물이다.

堯何以資汝아?
요 하 이 자 여

"요임금은 무엇으로
그대를 도왔는가?"

意而子曰이라.
의 이 자 왈

의이자가 대답하였다.

堯謂我하니,
요 위 아

"요임금께서 저에게 말씀하시기를,

汝必躬服仁義하고,
여 필 궁 복 인 의

너는 반드시 몸소 인의를 따르고,

而明言是非하라.
이 명 언 시 비

시비(是非)를 분명하게
말하라고 하셨습니다."

許由曰이라.
허 유 왈

허유가 말하였다.

而奚來爲軹[97]오.
이 해 래 위 지

"그대는 어째서 찾아왔는가.

夫堯旣已黥[98]汝以仁義하고,
부 요 기 이 경 여 이 인 의

요임금이 이미 인의(仁義)로써
그대에게 묵형(墨刑)을 가했고

而劓[99]汝以是非矣하니,
이 의 여 이 시 비 의

시비(是非)로써 그대에게
의형(劓刑)을 가했으니,

---

97 지(軹) : '지(只)'와 통용되어, 문장 끝의 어기사로 쓰인다.
98 경(黥) : 이마에 글씨를 써서 넣는 묵형(墨刑)을 가리킨다.
99 의(劓) : 코를 베는 형벌이다.

汝將何以遊夫遙蕩恣睢轉徙¹⁰⁰之塗乎아.　그대가 장차 자유분방하고
여 장 하 이 유 부 요 탕 자 휴 전 사　　지 도 호　　　　　　　　변화가 많은 길에서
　　　　　　　　　　　　　　　　　　어떻게 노닐 수 있겠는가."

意而子曰이라.　　　　　　　　　의이자가 대답하였다.
의 이 자 왈

雖然吾願遊於其藩하노이다.　　"그렇더라도 저는 그 주변에서나마
수 연 오 원 유 어 기 번　　　　　　노닐고자 합니다."

許由曰이라.　　　　　　　　　허유가 대답하였다.
허 유 왈

不然이라.　　　　　　　　　　"안 되오.
불 연

夫盲者는,　　　　　　　　　　저 청맹과니는
부 맹 자

無以與乎眉目顔色之好하고,　눈썹이나 눈, 얼굴이 아름다운 것에
무 이 여 호 미 목 안 색 지 호　　　참여할 수 없고

瞽者¹⁰¹는,　　　　　　　　　　소경은
고 자

---

100 요탕(遙蕩)은 자유분방한 것이고, 자휴(恣睢)는 구속되지 않고 제 뜻대로 하는 것이며, 전사(轉徙)는 변화되는 것이다.
101 맹자(盲者)는 눈동자는 있으나 볼 수 없는 장님이고, 고자(瞽者)는 눈동자가 없는 장님이다.

| 無以與乎靑黃黼黻之觀이라.
_{무 이 여 호 청 황 보 불 지 관} | 푸르고 노란 색깔, 보불(黼黻)[102]의 무늬를 보는 데에 참여할 수 없소." |

| 意而子曰이라.
_{의 이 자 왈} | 의이자가 말하였다. |

| 夫無莊之失其美하고,
_{부 무 장 지 실 기 미} | "무장(無莊)[103]이 자신의 아름다움을 잊었고 |

| 據梁之失其力하며,
_{거 량 지 실 기 력} | 거량(據梁)[104]이 자신의 힘을 잊었으며 |

| 皇帝之亡其知는,
_{황 제 지 망 기 지} | 황제가 그 지혜를 잊은 것은 |

| 皆在鑪捶[105]之間耳니이다.
_{개 재 로 추 지 간 이} | 모두 도(道)의 경지에 들게 되어서입니다.[106] |

| 庸詎知夫造物者之不息我黥하고,
_{용 거 지 부 조 물 자 지 불 식 아 경} | 어찌 조물주가 내 묵형의 글씨를 지워 주고 |

| 而補我劓하여,
_{이 보 아 의} | 내 잘린 코를 붙여 주어 |

---

102 보불(黼黻) : 예복(禮服)에 수를 놓아 꾸민 문양이다.
103 무장(無莊) : 장자가 설정한 허구적 인물로 미인(美人)을 대변한다.
104 거량(據梁) : 장자가 설정한 허구적 인물로 역사(力士)를 대변한다.
105 노추(鑪捶) : 노(鑪)는 쇠를 녹이는 화로이고, 추(捶)는 추(錘)와 통하여 쇠를 녹이는 그릇이다. 여기에서 노추(鑪捶)는 도(道)의 경지를 가리킨다.
106 도(道)의 경지에서는 미(美), 력(力), 지(知) 등이 초월됨을 가리킨다.

使我乘成以隨先生邪아. _{사 아 승 성 이 수 선 생 야}	나로 하여금 온전한 상태로 되어 선생님의 가르침을 따르게 하지 않으리라고 알겠습니까."
許由曰이라. _{허 유 왈}	허유가 대답하였다.
噫. _희	"아아!
未可知也나, _{미 가 지 야}	(도는) 알 수 없으나,
我爲汝言其大略하리라. _{아 위 여 언 기 대 략}	내 그대에게 그 대략을 알려주겠소.
吾師[107]乎여. _{오 사 호}	내 스승이여!
吾師乎여. _{오 사 호}	내 스승이여!
韲萬物이어늘, _{제 만 물}	만물을 만들어 놓고서도
而不爲義하고, _{이 불 위 의}	의롭다고 여기지 않고,
澤及萬世어늘, _{택 급 만 세}	혜택이 만대에 미치면서도
而不爲仁하며, _{이 불 위 인}	어질다고 여기지 않으며,

---

[107] 사(師) : 이편의 제목인 '대종사(大宗師)', 즉 '도(道)'를 가리킨다.

| 長於上古어늘, | 옛날보다 오래되었으면서도 |
| 장 어 상 고 | |

| 而不爲老하고, | 늙었다고 여기지 않고, |
| 이 불 위 로 | |

| 覆載天地에, | 덮고 있는 하늘과 싣고 있는 땅에서 |
| 부 재 천 지 | |

| 刻雕衆形이어늘, | 만물의 모양을 깎아 만들면서도 |
| 각 조 중 형 | |

| 而不爲巧라. | 재주가 있다고 여기지 않소. |
| 이 불 위 교 | |

| 此所遊已니라. | 이곳이 노닐 곳〔도의 경지〕입니다." |
| 차 소 유 이 | |

| 단락 요지 | 인의(仁義)나 시비(是非) 등의 세속적 가치판단을 초월해야 도의 경지에 노닐 수 있음을 강조하였다.

| 한자 풀이 | 資 재물 자·도울 자, 軹 굴대 끝 지·어조사 지, 黥 묵형할 경, 劓 코 벨 의, 遙 멀 요, 蕩 쓸어버릴 탕·움직일 탕·흐르게 할 탕, 恣 방자할 자, 睢 부릅떠볼 휴, 藩 덮을 번·울타리 번, 瞽 먼눈 고·소경 고, 黼 수 보·예복 보, 黻 수 불·폐슬(蔽膝) 불, 鑪 화로 로, 捶 종아리 칠 추, 鼇 잘게 썬 풋김치 제·섞을 제·부술 제·어지럽힐 제

6. 대종사 18-17

| 顔回曰이라. | 안회가 말하였다. |
| 안 회 왈 | |

回益矣니이다.
회 익 의

"저에게 진보가 있었습니다."

仲尼曰이라.
중 니 왈

공자가 물었다.

何謂也오?
하 위 야

"무엇을 말하는 것인가?"

曰이라.
왈

안회가 대답하였다.

回忘仁義矣니이다.
회 망 인 의 의

"저는 인의(仁義)를 잊게 되었습니다."

曰이라.
왈

공자가 말하였다.

可矣나,
가 의

"괜찮지만

猶未也니라.
유 미 야

아직은 아니다."

他日復見曰이라.
타 일 부 현 왈

다른 날 다시 뵙고 말하였다.

回益矣니이다.
회 익 의

"저에게 진보가 있었습니다."

曰이라.
왈

공자가 물었다.

何謂也오?
하 위 야

"무엇을 말하는 것인가?"

曰이라. 왈	안회가 대답하였다.
回忘禮樂矣니이다. 회 망 예 악 의	"저는 예악(禮樂)을 잊게 되었습니다."
曰이라. 왈	공자가 말하였다.
可矣나, 가 의	"괜찮지만
猶未也니라. 유 미 야	아직은 아니다."
他日復見曰이라. 타 일 부 현 왈	다른 날 다시 뵙고 말하였다.
回益矣니이다. 회 익 의	"저에게 진보가 있었습니다."
曰이라. 왈	공자가 물었다.
何謂也오? 하 위 야	"무엇을 말하는 것인가?"
曰이라. 왈	안회가 대답하였다.
回坐忘矣니이다. 회 좌 망 의	"제는 좌망(坐忘)을 하게 되었습니다."
仲尼蹴然[108]曰이라. 중 니 축 연 왈	공자가 놀라며 물었다.

| 何謂坐忘고? | "좌망이란 무엇을 말하는 것인가?" |
| 하 위 좌 망 | |

顔回曰이라.
안 회 왈
안회가 대답하였다.

墮肢體하고,
휴 지 체
"사지(四肢)와 몸체를 잊어버리고

黜聰明하니,
출 총 명
눈과 귀의 작용을 몰아내었으니

離形去知하여,
이 형 거 지
육체를 떠나고 지식을 버림으로써

同於大通[109]이로이다.
동 어 대 통
대도(大道)와 일체가 되었습니다.

此謂坐忘이니이다.
차 위 좌 망
이것을 좌망이라고 합니다."

仲尼曰이라.
중 니 왈
공자가 말하였다.

同則無好也하고,
동 즉 무 호 야
"도와 일체가 되면 좋아함[110]이 없어지고

化則無常也니라.
화 즉 무 상 야
변화를 따르면 한결같음도 없어진다.[111]

---

108 축연(蹙然) : 놀라는 모습이다.
109 대통(大通) : 대도(大道)를 가리킨다.
110 좋아하고 싫어하는 차별의 마음을 가리킨다.
111 상리(常理)라고 하여 한결같음에 집착하는 마음도 없어짐을 가리킨다. 공자가 강조한 '무적무막(無敵無莫)'의 경지이다.

而果其賢乎인저.
_{이 과 기 현 호}

너는 과연 훌륭하구나.

丘也請從而後也리라.
_{구 야 청 종 이 후 야}

나도 너를 따라 배워야 하겠다."

| 단락 요지 | 인의나 예악 등의 규범, 육체나 지식 등의 한계를 초월하여 도와 혼연일체(渾然一體)가 된 좌망(坐忘)의 경지를 제시하였다.
| 한자 풀이 | 蹙 찰 축·밟을 축·삼갈 축·얼굴빛 변할 축, 墮 떨어질 타·무너뜨릴 휴, 肢 사지 지, 黜 물리칠 출·내몰 출

6. 대종사 18-18

子輿與子桑友한대,
_{자 여 여 자 상 우}

자여(子輿)가 자상(子桑)과 교유하는데,

而霖雨十日하니,
_{이 림 우 십 일}

열흘 동안 장맛비가 내리자

子輿曰이라.
_{자 여 왈}

자여가 말하였다.

子桑殆病矣리라.
_{자 상 태 병 의}

"자상은 아마 병이 심해졌을 것이다."

裹飯而往食之라.
_{과 반 이 왕 사 지}

음식을 싸 가지고 그에게 먹이려고 갔다.

至子桑之門하니, _{지 자 상 지 문}	자상의 집 문 앞에 이르렀을 때
則若歌若哭한대, _{즉 약 가 약 곡}	노래하는 것 같기도 하고 곡하는 것 같기도 한데,
鼓琴曰이라. _{고 금 왈}	거문고를 타면서 읊조렸다.
父邪아, _{부 야}	"아버지인가,
母邪아. _{모 야}	어머니인가?
天乎아, _{천 호}	하늘인가,
人乎아. _{인 호}	사람인가."
有不任其聲하고, _{유 불 임 기 성}	자신의 소리를 이기지 못하면서
而趣擧其詩焉이라. _{이 촉 거 기 시 언}	빠르게 시를 읊조리고 있었다.
子輿入曰이라. _{자 여 입 왈}	자여가 들어가 물었다.
子之歌詩가, _{자 지 가 시}	"그대가 시를 읊는 것이
何故若是오? _{하 고 약 시}	어째서 이와 같은가?"

曰이라.
_왈

吾思夫使我至此極者하나,
_{오 사 부 사 아 지 차 극 자}

而不得也라.
_{이 부 득 야}

父母豈欲吾貧哉리오.
_{부 모 기 욕 오 빈 재}

天無私覆하고,
_{천 무 사 부}

地無私載하니,
_{지 무 사 재}

天地豈私貧我哉리오.
_{천 지 기 사 빈 아 재}

求其爲之者나,
_{구 기 위 지 자}

而不得也라.
_{이 부 득 야}

然而至此極者는,
_{연 이 지 차 극 자}

命也夫인저.
_{명 야 부}

자상이 대답하였다.

"나는 나를 이 극단에 이르게
만든 자를 생각해 보았지만

알 수가 없었네.

부모가 어찌 내가 가난하기를
원했겠는가.

하늘은 사사로이 덮어 줌이 없고

땅은 사사로운 실어 줌이 없으니,

천지가 어찌 사사로이 나를
가난하게 하였겠는가.

이렇게 한 자를 찾았지만

알 수가 없었네.

그렇다면 이런 극단에
이르게 한 것은

운명이로다."

| 단락 요지 | 세속에서 추구하는 부귀영화를 초월하는 길은, 그것이 운명임을 알고 담담한 마음가짐을 유지해야 함을 밝힌 것이다.
| 한자 풀이 | 輿 수레 여, 霖 장마 림, 裹 쌀 과, 趨 추창할 추·빨리 걸을 추·재촉할 촉(促과 통용)·빠를 촉, 覆 엎어질 복·덮을 부

7. 제왕에 상응하는 도리
〔응제왕(應帝王)〕

「응제왕(應帝王)」에서 장자는 도가의 이상적 정치관인 '무위이치(無爲而治)'를 제시하였다. '무위이치'는 인위적 조작이 없는 다스림이다. 이것은 '말없는 가르침〔불언지교(不言之敎)〕'을 실천하는 데에서 가능하다.

이상적인 정치는 상대와 나의 구분을 초월하여 자신을 비움으로써 사사로움이 배제된 무위(無爲)의 다스림이다. 이 편의 끝에서는 혼돈(混沌)의 죽음이라는 우화를 통해 무위와 반대되는 인위〔조작〕가 순수를 훼손시키는 것임을 부각시키고 있다.

7. 응제왕 9-1

齧缺問於王倪한대,
_{설 결 문 어 왕 예}

설결[1]이 왕예에게 질문을 하는데,

四問而四不知라.
_{사 문 이 사 부 지}

네 번 물음에 네 번 모두
모른다고 하였다.[2]

齧缺因躍而大喜하여,
_{설 결 인 약 이 대 희}

설결은 이에 뛰면서
매우 기뻐하다가,

行以告蒲衣子라.
_{행 이 고 포 의 자}

가서 포의자(蒲衣子)[3]에게 말하였다.

蒲衣子曰이라.
_{포 의 자 왈}

포의자가 말하였다.

而乃今知之乎아?
_{이 내 금 지 지 호}

"너는 이제야 그것을 알았느냐?

有虞氏不及泰氏하니,
_{유 우 씨 불 급 태 씨}

순(舜)임금은 태씨(泰氏)[4]에
미치지 못하였으니,

有虞氏其猶藏仁以要人하여,
_{유 우 씨 기 유 장 인 이 요 인}

순임금은 비록 인을 지니고
남들에게 요구하여

---

1 설결 : 왕예의 제자이다.
2 문답한 내용은 「제물론」에 보인다.
3 포의자(蒲衣子) : 장자가 설정한 허구적 인물이다.
4 태씨(泰氏) : 태호(太昊), 즉 복희씨를 가리킨다.

亦得人矣나, 역 득 인 의	또한 인심을 얻게 되었지만,
而未始出於非人[5]이라. 이 미 시 출 어 비 인	일찍이 남을 시비(是非)하는 데에서 벗어나지 못하였다.
泰氏其臥徐徐[6]하고, 태 씨 기 와 서 서	태씨는 잠잘 때는 편안했고
其覺于于[7]하며, 기 교 우 우	깨어나서는 여유로웠으며,
一以己爲馬하고, 일 이 기 위 마	한편으로는 자신을 말〔馬〕로 여기고
一以己爲牛라. 일 이 기 위 우	한편으로는 자신을 소로 여겼다.[8]
其知情信하고, 기 지 정 신	그 지혜는 실로 믿을 만하였고,
其德甚眞하니, 기 덕 심 진	그 덕은 매우 참되었으니,
而未始入於非人이라. 이 미 시 입 어 비 인	일찍이 남을 시비하는 데에 들지 않았다."[9]

| 단락 요지 | '무위이치(無爲而治)'의 도리를 설명하기 위하여, 인의(仁

---

5 비인(非人) : 비(非)는 시비(是非)를 포함하는 의미로, 옳고 그름을 따지는 것을 가리킨다.
6 서서(徐徐) : 편안한 모습이다.
7 우우(于于) : 여유로운 모습이다.
8 물아(物我)의 경계를 초월한 것을 가리킨다.
9 시비(是非)의 경계를 초월한 것을 가리킨다.

義)로 천하를 다스린 순임금과 시비를 초월하였던 복희를 대비시켜 도입부로 삼았다.

| 한자 풀이 | 齧 물 설, 倪 끝 예, 躍 뛸 약, 蒲 부들 포, 虞 생각할 우 · 근심할 우 · 순임금 성 우

7. 응제왕 9-2

肩吾見狂接輿한대,
견오견광접여

견오(肩吾)가 기인(奇人) 접여를 만났는데,

狂接輿曰이라.
광접여왈

기인 접여가 물었다.

日中始何以語女아?
일중시하이어여

"전날 중시(中始)[10]가 그대에게 무엇을 말해 주던가?"

肩吾曰이라.
견오왈

견오가 대답하였다.

告我君人者以己出經式義度면,
고아군인자이기출경식의도

"제게 말씀하시기를, '임금 된 자가 자신을 근거로 (솔선하여) 법이나 도리를 만들어 낸다면

人孰敢不聽而化諸아.
인숙감불청이화저

사람들이 누가 따라서 감화되지 않겠는가'라고 하셨습니다."

---

10 중시(中始) : 장자가 설정한 허구적 인물로, 견오(肩吾)의 스승이다.

狂接輿曰이라. 광 접 여 왈	기인 접여가 말하였다.
是欺德也니, 시 기 덕 야	"이는 거짓된 덕이니
其於治天下也에, 기 어 치 천 하 야	그것은 천하를 다스리는 데에 있어,
猶涉海鑿河하며, 유 섭 해 착 하	바다를 (걸어서) 건너고 강을 (손으로) 뚫으며
而使蚉負山也라. 이 사 문 부 산 야	모기에게 산을 짊어지게 하는 것과 같다.
夫聖人之治也는, 부 성 인 지 치 야	성인의 다스림이
治外乎아. 치 외 호	밖을 다스리는 것이겠느냐.
正而後行하니, 정 이 후 행	(자신을) 바르게 한 뒤에 나아가니,
確乎能其事者而已矣라. 확 호 능 기 사 자 이 이 의	확실하게 자신의 일을 제대로 할 뿐이다.
且鳥高飛하여, 차 조 고 비	또 새는 높이 날아올라
以避矰弋之害하고, 이 피 증 익 지 해	주살의 위험을 피하고

鼴鼠深穴乎神丘¹¹之下하여, 생쥐는 신단 아래에 깊이 구멍을 파서

以避熏鑿之患이어늘, 연기를 지피거나 파헤쳐지는 화를 피하는데,

而曾二蟲之無知로다. 너는 아예 저 두 벌레에 대해서도 아는 것이 없구나."

| 단락 요지 | 천하를 다스리는 데에는 법이나 도리가 아닌, 내면의 덕을 닦는 것이 중요하다.
| 한자 풀이 | 欺 속일 기 · 거짓 기 · 탐할 기, 涉 건널 섭 · 겪을 섭 · 거닐 섭, 鑿 뚫을 착, 蚉 모기 문(蚊과 같은 자), 確 단단할 확 · 확실할 확, 矰 주살 증, 弋 주살 익, 鼴 생쥐 혜, 熏 연기 쬘 훈 · 연기 낄 훈 · 탈 훈

7. 응제왕 9-3

天根¹²遊於殷陽¹³이라가, 천근(天根)이 은산(殷山)의 남쪽에서 노닐다가

至蓼水¹⁴之上한대, 요수(蓼水) 가에 이르렀는데,

---

11 신구(神丘) : 사신(社神)에게 제사 지내는 단(壇)을 가리킨다.
12 천근(天根) : 장자가 설정한 허구적 인물이다.
13 은양(殷陽) : 은산(殷山)이라는 산의 남쪽을 가리킨다.
14 요수(蓼水) : 강의 이름이다.

適遭無名人[15]而問焉曰이라.
적 조 무 명 인   이 문 언 왈

마침 무명인(無名人)을 만나 그에게 물었다.

請問爲天下하노이다.
청 문 위 천 하

"천하를 다스리는 것을 여쭙겠습니다."

無名人曰이라.
무 명 인 왈

무명인이 대답하였다.

去하라.
거

"가시오.

汝鄙人也라.
여 비 인 야

그대는 비천한 사람이로다.

何問之不豫也오.
하 문 지 불 예 야

어째서 묻는 것이 유쾌하지 못한 것인가.

予方將與造物者爲人하며,
여 방 장 여 조 물 자 위 인

나는 한창 조물자와 벗이 되려고 하며,

厭則又乘夫莽眇之鳥하여,
염 즉 우 승 부 망 묘 지 조

싫증나면 다시 저 까마득히 나는 새에 올라타

以出六極之外하여,
이 출 육 극 지 외

육극(六極)의 밖으로 나가

---

15 무명인(無名人) : 장자가 설정한 허구적 인물이다.

而遊無何有之鄕하고,
이 유 무 하 유 지 향

아무것도 없는 곳에서 노닐고

以處壙垠之野라.
이 처 광 랑 지 야

끝이 없는 들판에서 머문다.

汝又何帠[16]로,
여 우 하 예

그대는 다시 무슨 까닭으로

以治天下感予之心爲[17]오?
이 치 천 하 감 여 지 심 위

천하 다스리는 것으로 내 마음을 건드리는가?"

又復問하니,
우 부 문

또다시 묻자,

無名人曰이라.
무 명 인 왈

무명인이 대답하였다.

汝遊心於淡하고,
여 유 심 어 담

"그대가 마음을 담담한 경지에서 노닐고,

合氣於漠하며,
합 기 어 막

기(氣)를 적막의 세계에 합치하게 하며,

順物自然하고,
순 물 자 연

만물의 자연스러움에 따르고

而無容私焉이면,
이 무 용 사 언

사사로움을 개입시키지 않는다면,

---

16 하예(何帠) : '무슨 까닭으로'의 뜻이다. '예(帠)'는 '고(故)'와 통한다.
17 위(爲) : 의문어조사이다.

而天下治矣리라.   천하는 다스려질 것이다."
이 천 하 치 의

| 단락 요지 | 천하를 다스리는 요체(要諦)는 '무위이치(無爲而治)'에 있음을 강조한 내용이다.

| 한자 풀이 | 蓼 여뀌 료, 遭 만날 조, 鄙 더러울 비·인색할 비, 豫 기뻐할 예·놀 예·즐길 예·싫어할 예·참여할 예, 厭 싫어할 염·빠질 암, 莽 풀 망·숲 망·멀 망·광활할 망, 眇 애꾸눈 묘·아득할 묘, 壙 광 광·들판 광·텅 빌 광, 垠 무덤 량·드넓은 모습 량, 帠 법 예, 淡 맑을 담·담박할 담, 漠 사막 막·조용할 막

7. 응제왕 9-4

陽子居見老聃曰이라.   양자거(陽子居)[18]가 노담을
양 자 거 견 노 담 왈   만나서 말하였다.

有人於此한대,   "여기 한 사람이 있는데
유 인 어 차

嚮[19]疾强梁하고,   민첩하고 굳세며
향 질 강 량

物徹疏明하며,   만물의 이치에 투철하여 밝게 알고
물 철 소 명

---

18 양자거(陽子居) : 전국시대에 '위아(爲我)'를 제기했던 양주(陽朱)이다.
19 향(嚮) : '향(響)'과 통하여, '빠르다'의 뜻이다.

學道不勸이면, _{학 도 불 권}	도를 배우기를 게을리 하지 않는다면
如是者는, _{여 시 자}	이와 같은 사람은
可比明王乎아? _{가 비 명 왕 호}	훌륭한 성왕(聖王)과 비교할 수 있을까요?"
老聃曰이라. _{노 담 왈}	노담이 대답하였다.
是於聖人也에, _{시 어 성 인 야}	"이는 성인에 있어서는
胥易[20]技係하여, _{서 역 기 계}	하급 관리가 자신의 기예에 얽매어
勞形怵心者也라. _{노 형 출 심 자 야}	몸을 괴롭히고 마음을 두렵게 하는 것이다.
且也虎豹之[21]文來田하고, _{차 야 호 표 지 문 래 전}	또한 호랑이와 표범은 문채 나는 모피 때문에 사냥을 당하고,
猨狙之便執斄之狗來藉[22]이라. _{원 저 지 변 집 리 지 구 래 적}	원숭이는 민첩함 때문에, 개는 살쾡이를 잡는 것 때문에 묶인다.

---

20 서역(胥易) : '서(胥)'는 악무(樂舞)를 담당하고, '역(易)'은 점복(占卜)을 담당하는 하급 관리이다.
21 지(之) : 개사로, '이(以)'의 기능이다.
22 적(藉) : '계(繫)'와 통하여, '매다', '가두다'의 뜻이다.

如是者를,
여시자

이런 사람을

可比明王乎아.
가비명왕호

훌륭한 성왕에 비유할 수 있겠는가."

陽子居蹵然曰이라.
양자거축연왈

양자거가 놀라며 물었다.

敢問明王之治하노이다.
감문명왕지치

"감히 훌륭한 성왕의 다스림을 여쭙겠습니다."

老聃曰이라.
노담왈

노담이 대답하였다.

明王之治는.
명왕지치

"훌륭한 성왕의 다스림은

功蓋天下하나,
공개천하

공덕이 천하를 뒤덮지만

而似不自己하며,
이사부자기

자신으로부터 말미암지 않은 듯이 여기며,

化貸[23]萬物하나,
화대 만물

교화가 만물에 미치지만

而民弗恃라.
이민불시

백성들은 덕으로 믿지(여기지) 않는다.

---

23 대(貸) : '시(施)'와 통하여, '베풀다'의 뜻이다.

有莫擧名하고,　　　　　　　　(공이) 있어도 이름을
유 막 거 명　　　　　　　　　　드러냄이 없고,

使物自喜하며,　　　　　　　　만물로 하여금 저마다 기쁘게 하며,
사 물 자 희

立乎不測하여,　　　　　　　　헤아릴 수 없는 경지에 서서
입 호 불 측

而遊於無有者也니라.　　　　　무의 세계에서 노니는 자이다."
이 유 어 무 유 자 야

| 단락 요지 | 지극한 다스림은 재능과 명성이 아니라, 드러나지 않는 무위(無爲)로 가능한 것이다.

| 한자 풀이 | 聃 귓바퀴 없을 담, 嚮 접때 향·향할 향·메아리 향(響과 같은 자), 梁 들보 량·강할 량, 徹 통할 철, 疏 트일 소·통할 소, 怵 두려워할 출, 豹 표범 표, 猨 원숭이 원(猿과 같은 자), 狙 원숭이 저, 便 편할 편·곧 변·민첩할 변, 鰲 땅 이름 태·살쾡이 리, 藉 깔개 자·노끈 적, 貸 빌려줄 대·줄 대·빌릴 특, 恃 믿을 시

7. 응제왕 9-5

鄭有神巫曰季咸하여,　　　　　정나라에 계함(季咸)이라는
정 유 신 무 왈 계 함　　　　　　신령스런 무당이 있어,

知人之死生存亡과,　　　　　　사람의 생사(生死)와 존망(存亡),
지 인 지 사 생 존 망

禍福壽夭한대,
_{화 복 수 요}

期以歲月旬日이,
_{기 이 세 월 순 일}

若神이라.
_{약 신}

鄭人見之하고,
_{정 인 견 지}

皆棄而走라.
_{개 기 이 주}

列子見之而心醉하여,
_{열 자 견 지 이 심 취}

歸以告壺子曰이라.
_{귀 이 고 호 자 왈}

始吾以夫子之道爲至矣나,
_{시 오 이 부 자 지 도 위 지 의}

則又有至焉者矣라.
_{즉 우 유 지 언 자 의}

壺子曰이라.
_{호 자 왈}

吾與[27]汝旣[28]其文이나,
_{오 여 여 기 기 문}

화복(禍福)과 수요(壽夭)를 아는데,

연월일까지 날짜를 맞추는 것이

마치 귀신같았다.

정나라 사람들은 그를 보면

모두 피해서 달아났다.[24]

열자(列子)[25]가 그를 보고 심취하여

돌아와 호자(壺子)[26]에게 말하였다.

"전에 저는 선생님의 도를
지극한 것으로 생각했는데,

그보다 더 지극한 것이 있습니다."

호자가 말하였다.

"내가 너에게 외적인 것은
다 일러 주었지만

---

[24] 죽을 날 등의 불길한 예언을 들을까 두려워서 피한 것이다.
[25] 열자(列子) : 정(鄭)나라 사람으로 이름이 열어구(列御寇)이다.
[26] 호자(壺子) : 정나라 사람으로 열자의 스승이다.

未旣其實이어늘,
_{미 기 기 실}

아직 그 실체를 다 일러 주지 않았는데,

而固得道與아.
_{이 고 득 도 여}

네가 진정으로 도를 얻었겠느냐.

衆雌而無雄이면,
_{중 자 이 무 웅}

암컷이 많아도 수컷이 없다면

而又奚卵焉이리오.
_{이 우 해 란 언}

또한 어떻게 알을 부화하겠느냐.

而以道與世亢하여,
_{이 이 도 여 세 항}

너는 도를 가지고 세상과 맞서

必信하니,
_{필 신}

신임(信任)을 기필하려고 하였기 때문에

夫故使人得而相汝라.
_{부 고 사 인 득 이 상 여}

그래서 그 사람으로 하여금 너를 관상 볼 수 있게 한 것이다.

嘗試與來하여,
_{상 시 여 래}

시험 삼아 데리고 와서

以予示之하라.
_{이 여 시 지}

나를 그에게 보여 봐라."

---

27 여(與) : 개사 '향(向)'과 같은 용법으로, '~에게'의 뜻이다.
28 기(旣) : '진(盡)'과 통하여 '다하다'의 뜻이다.

| 단락 요지 | 지극한 도의 경지를 설명하기 위하여, 호자(壺子)와 열자(列子), 무당인 계함(季咸)을 내세워 상황을 설정한 도입부이다.
| 한자 풀이 | 巫 무당 무 · 壺 병 호 · 투호 호 · 旣 이미 기 · 다할 기, 亢 목 항 · 지나칠 항 · 오를 항 · 막을 항(抗과 통용)

7. 응제왕 9-6

明日에,
명일

이튿날,

列子與之見壺子한대,
열자여지견호자

열자는 그를 데리고
호자를 만났는데,

出而謂列子曰이라.
출이위열자왈

나와서 열자에게 말하였다.

噫라
희

"아!

子之先生死矣리라.
자지선생사의

그대의 스승은 죽을 것이오.

弗活矣니,
불활의

살 수가 없으니

不以旬數矣리라.
불이순수의

열흘을 헤아릴 수 없겠소이다.

吾見怪焉하니,
오견괴언

나는 그에게서 이상한 것을
보았으니,

見濕灰焉이라.
견 습 회 언

그에게서 젖은 재를 보았소."

列子入하여,
열 자 입

열자가 들어가서

泣涕沾襟하고,
읍 체 첨 금

눈물을 흘려 옷깃을 적시면서

以告壺子한대,
이 고 호 자

호자에게 아뢰자,

壺子曰이라.
호 자 왈

호자가 말하였다.

鄕吾示之以地文하니,
향 오 시 지 이 지 문

"아까 나는 그에게
'지문(地文)29'을 보여 주었으니,

萌乎30不震不正31이라.
맹 호 부 진 부 정

고요하게 움직이지도 않고
그치지도 않는 모습이다.

是殆見吾杜德機32也리라.
시 태 견 오 두 덕 기   야

아마 내게서 생기〔덕(德)〕가 막힌
기미를 본 것이리라.

嘗又與來하라.
상 우 여 래

시험 삼아 다시 데려오너라."

---

29 지문(地文) : '땅의 문양'이니, 움직임이 없는 대지(大地)의 모습이다.
30 맹호(萌乎) : 움직이지 않는 모습이다.
31 정(正) : '지(止)'의 오류이다〔곽경번, 앞의 책, 교감본의 교감(p.300)〕.
32 기(機) : '기(幾)'와 통하여, '기미'의 뜻이다.

明日에,
명 일

이튿날,

又與之見壺子한대,
우 여 지 견 호 자

또 그를 데리고 호자를 만났는데,

出而謂列子曰이라.
출 이 위 열 자 왈

나와서 열자에게 말하였다.

幸矣라.
행 의

"다행이오.

子之先生遇我也하여,
자 지 선 생 우 아 야

당신의 스승은 나를 만나

有瘳矣라.
유 추 의

병이 나았소.

全然有生矣니,
전 연 유 생 의

완연히 생기가 있게 되었으니,

吾見其杜權[33]矣.
오 견 기 두 권 의

나는 그 막혔던 것이 변하는 것을 보았소."

列子入하여,
열 자 입

열자가 들어가서

以告壺子한대,
이 고 호 자

호자에게 아뢰자,

壺子曰이라.
호 자 왈

호자가 말하였다.

---

[33] 권(權) : '권변(權變)'의 뜻으로 변화를 의미한다.

鄕吾示之以天壤하니,
향 오 시 지 이 천 양

"아까 나는 그에게 '하늘과 땅의 기운〔천양(天壤)34〕'을 보여 주었으니,

名實不入하고,
명 실 불 입

이름과 실상이 끼어들지 못하고

而機發於踵이라.
이 기 발 어 종

기미가 발뒤꿈치에서 나오는 것이다.

是殆見吾善者機也리라.
시 태 견 오 선 자 기 야

아마 내게서 생기의 기미를 본 것이리라.

嘗又與來하라.
상 우 여 래

시험 삼아 다시 데려오너라."

明日에,
명 일

이튿날,

又與之見壺子한대,
우 여 지 견 호 자

또 그를 데리고 호자를 만났는데,

出而謂列子曰이라.
출 이 위 열 자 왈

나와서 열자에게 말하였다.

子之先生不齊하여,
자 지 선 생 부 제

"당신의 스승은 일정치가 않아,

吾無得而相焉이라.
오 무 득 이 상 언

나는 그를 관상 볼 수가 없소.

---

34 천양(天壤) : 천지(天地) 사이의 기(氣)를 가리킨다.

試齊에,	한번 일정해지거든,
且復相之리라.	다시 그를 관상 보겠소."
列子入하여,	열자가 들어가서
以告壺子한대,	호자에게 아뢰자,
壺子曰이라.	호자가 말하였다.
吾鄕示之以太沖莫勝하니,	"나는 아까 그에게 '태충막승(太沖莫勝)[35]'을 보여 주었으니,
是殆見吾衡氣機也리라.	아마 내게서 생기가 평정해지는 기미를 본 것이리라.
鯢桓之審[36]爲淵이오,	고래가 유영하는 소용돌이치는 곳도 못이고
止水之審爲淵이며,	고요한 물이 도는 곳도 못이며
流水之審爲淵이라.	흐르는 물이 도는 곳도 못이다.

---

[35] 태충막승(太沖莫勝) : 텅 비어 승부를 초월한 경지를 가리킨다.
[36] 반(審) : '반(盤)'과 같은 자로 '돌다'의 뜻이다.

淵有九名한대, 못에는 아홉 가지 이름이 있는데,
연 유 구 명

此處三焉하니, 이것은 그 가운데 세 가지에
차 처 삼 언 해당하니,[37]

嘗又與來하라. 시험 삼아 다시 데려오너라."
상 우 여 래

| 단락 요지 | 호자(壺子)가 도의 단계를 점차 높이면서 보여 줌으로써, 도의 경지를 설명하고 있다.
| 한자 풀이 | 噫 화락할 희 · 아(감탄사) 희, 濕 젖을 습, 涕 눈물 체 · 울 체, 沾 더할 첨 · 적실 첨, 襟 옷깃 금, 萌 싹틀 맹 · 싹 맹 · 꼼짝 아니할 맹, 杜 팥배나무 두 · 막을 두, 瘳 병 나을 추, 沖 빌 충, 衡 저울대 형, 鯢 도롱뇽 예 · 암고래 예, 桓 푯말 환 · 돌 환, 審 살필 심 · 깨달을 심 · 자세할 심 · 돌 반

7. 응제왕 9-7

明日에, 이튿날,
명 일

又與之見壺子한대, 또 그를 데리고 호자를 만났는데,
우 여 지 견 호 자

---

[37] 도(道)의 경지에는 아홉 단계가 있는데, 그가 본 것은 겨우 처음 세 단계일 뿐임을 암시한다.

立未定에,
입 미 정

선 채로 아직 앉기도 전에

自失而走라.
자 실 이 주

저절로 아연실색하여 달아났다.

壺子曰이라.
호 자 왈

호자가 말하였다.

追之하라.
추 지

"그를 쫓아라."

列子追之不及하여
열 자 추 지 불 급

열자가 그를 뒤쫓았으나 미치지 못하여

反以報壺子曰이라.
반 이 보 호 자 왈

돌아와 호자에게 말하였다.

已滅矣하여,
이 멸 의

"이미 사라져

已失矣니이다.
이 실 의

찾지 못하였습니다.

吾弗及已니이다.
오 불 급 이

제가 따라잡을 수 없었습니다."

壺子曰이라.
호 자 왈

호자가 말하였다.

鄕吾示之以未始出吾宗이라.
향 오 시 지 이 미 시 출 오 종

"아까 나는 그에게 '미시출오종(未始出吾宗)[38]'을 보여 주었다.

---

38 미시출오종(未始出吾宗) : '원래 나의 근본에서 나오기 전의 상태'라는 의미로 대도(大道)의 모습을 가리킨다.

吾與之虛而委蛇³⁹하여,
오 여 지 허 이 위 이

나는 그것과 더불어 마음을 비우고 변화에 맡겨

不知其誰何하니,
부 지 기 수 하

그것이 무엇인지도 모르니

因以爲弟⁴⁰靡하고,
인 이 위 제 미

그래서 풀이 쏠리듯 하고

因以爲波流하니,
인 이 위 파 류

그래서 물결이 흐르듯 하였기 때문에

故逃也라.
고 도 야

도망친 것이다."

然後에,
연 후

그 뒤에,

列子自以爲未始學하고,
열 자 자 이 위 미 시 학

열자는 스스로를 아예 배우지 못한 것으로 여기고

而歸하여,
이 귀

집으로 돌아가

三年不出이라.
삼 년 불 출

3년 동안 밖에 나오지 않았다.

爲其妻爨하고,
위 기 처 찬

자신의 아내를 위하여 밥을 짓고

---

39 위이(委蛇) : '뱀이 구불구불 가는 모습'을 형용하는 말에서, 느긋하게 변화를 따르는 모습을 의미한다.
40 제(弟) : '제(稊)'와 통하여, 풀의 이름이다.

食豕如食人하며,
사 시 여 사 인

돼지 기르기를 사람 먹이듯이 하였으며,[41]

於事無與親하고,
어 사 무 여 친

일에 있어 편애함이 없었고

雕琢復朴하니,
조 탁 복 박

새기고 다듬는 것에서 소박함으로 돌아가니

塊然[42]獨以其形立하여,
괴 연 독 이 기 형 립

우두커니 홀로 그 모습대로 서서,

紛而封[43]哉라.
분 이 봉 재

혼란한 대로 (근본을) 지켰다.

一以是終이라.
일 이 시 종

한결같이 이런 태도로 생을 마쳤다.

| 단락 요지 | 호자(壺子)가 도의 최고 경지를 보여 주자, 열자도 정진하여 그 경지에 이르게 되었음을 설명하였다.

| 한자 풀이 | 蛇 뱀 사 · 구불구불 갈 이, 靡 쓰러질 미 · 쏠릴 미, 爨 불 땔 찬 · 밥 지을 찬, 豕 돼지 시, 紛 어지러울 분, 封 봉할 봉 · 지킬 봉

---

41 귀천(貴賤)을 잊었음을 가리킨다.
42 괴연(塊然) : 홀로인 모습이다.
43 봉(封) : '수(守)'의 뜻이다.

7. 응제왕 9-8

無爲名尸하고, 　　　　　　　　　명성의 주인이 되지 말고,
무 위 명 시

無爲謀府하며, 　　　　　　　　　계획의 중심이 되지 말며,
무 위 모 부

無爲事任하고, 　　　　　　　　　일의 책임이 되지 말고,
무 위 사 임

無爲知主하라. 　　　　　　　　　지혜의 주인이 되지 말라.
무 위 지 주

體盡無窮하고, 　　　　　　　　　무궁한 도를 모두 체득하고
체 진 무 궁

而遊無朕하며, 　　　　　　　　　자취 없는 경지에서 노닐며,
이 유 무 짐

盡其所受乎天하고, 　　　　　　　하늘로부터 받은 것
진 기 소 수 호 천　　　　　　　　　〔천성(天性)〕을 다하고

而無見得하며, 　　　　　　　　　얻은 바의 덕을 드러내지 말며,
이 무 현 득

亦[44]虛而已니라. 　　　　　　　오로지 비울 뿐이다.
역 　 허 이 이

至人之用心若鏡하여, 　　　　　　지인(至人)의 마음씀씀이는
지 인 지 용 심 약 경　　　　　　　　거울과 같아,

---

44 역(亦) : '유(唯)'의 뜻이다.

不將不迎하며,
부 장 불 영

應而不藏이라.
응 이 부 장

故能勝物而不傷이라.
고 능 승 물 이 불 상

보내지도 않고 맞이하지도 않으며,

호응하면서도 간직하지 않는다.

그러므로 만물을 감당해 내면서
(자신은) 상하지 않을 수 있다.

| 단락 요지 | 문단의 앞부분은 지인(至人)의 경지에 이르는 과정을 제시한 것이고, 뒷부분은 지인의 경지를 거울에 비유하여 설명한 것이다.
| 한자 풀이 | 尸 주검 시 · 시동 시 · 주장할 시, 府 곳집 부 · 마을 부 · 도읍 부, 朕 나 짐 · 조짐 짐, 將 장수 장 · 거느릴 장 · 보낼 장, 藏 감출 장 · 오장 장(臟과 통용)

7. 응제왕 9-9

南海之帝爲儵이요,
남 해 지 제 위 숙

北海之帝爲忽이며,
북 해 지 제 위 홀

中央之帝爲渾沌이라.
중 앙 지 제 위 혼 돈

儵與忽이,
숙 여 홀

남해의 임금이 숙(儵)이고,

북해의 임금이 홀(忽)이며,

중앙의 임금이 혼돈(渾沌)이다.

숙과 홀이

| 時相與遇於渾沌之地한대,
_{시 상 여 우 어 혼 돈 지 지} | 수시로 함께 혼돈의
땅에서 만났는데, |

| 渾沌待之甚善이라.
_{혼 돈 대 지 심 선} | 혼돈이 그들을 잘 대접하였다. |

| 儵與忽은,
_{숙 여 홀} | 숙과 홀은 |

| 謀報渾沌之德曰이라.
_{모 보 혼 돈 지 덕 왈} | 혼돈의 덕에 보답할 것을
의논하면서 말하였다. |

| 人皆有七竅하여,
_{인 개 유 칠 규} | "사람에겐 모두 일곱 개의
구멍이 있어 |

| 以視聽食息한대,
_{이 시 청 식 식} | 보고 듣고 먹고 숨을 쉬는데 |

| 此獨無有하니,
_{차 독 무 유} | 혼돈만이 (이것을) 가지고
있지 않으니, |

| 嘗試鑿之라.
_{상 시 착 지} | 구멍을 뚫어 주기로 하자." |

| 日鑿一竅러니,
_{일 착 일 규} | 하루에 한 구멍씩 뚫으니 |

| 七日而渾沌死라.
_{칠 일 이 혼 돈 사} | 7일이 되자 혼돈이 죽었다. |

| 단락 요지 | 서두름과 조바심 등 인위(人爲)를 상징하는 숙(儵)과 홀

(忽)이, 순수와 본질 등 무위(無爲)를 상징하는 혼돈(渾沌)을 훼손하게 됨을 비유를 들어 설명한 것이다.

| 한자 풀이 | 儵 빠를 숙, 忽 소홀히 할 홀·갑자기 홀, 渾 섞을 혼, 沌 어두울 돈, 竅 구멍 규, 鑿 뚫을 착